中国信息通信业发展指导(2020)

中华人民共和国工业和信息化部办公厅 编

人 民 邮 电 出 版 社
北 京

图书在版编目（CIP）数据

中国信息通信业发展指导. 2020 / 中华人民共和国工业和信息化部办公厅编. -- 北京 : 人民邮电出版社, 2021.3
ISBN 978-7-115-55911-1

Ⅰ. ①中… Ⅱ. ①中… Ⅲ. ①电信－邮电经济－经济发展战略－中国－2020 Ⅳ. ①F632.1

中国版本图书馆CIP数据核字(2021)第017478号

内 容 提 要

本书在分析中国信息通信行业 2019 年发展状况以及 2020 年发展形势和挑战的基础上，提出了 2020 年中国信息通信行业的发展目标、主要任务和重点工作举措。全书共分总体篇、专题篇和附录 3 个部分。其中专题篇包括信息通信业高质量发展研究、人工智能产业应用重大的问题及关键技术发展态势研究、移动物联网支撑新基建的若干思考、信息通信业助力“乡村振兴”战略关键问题研究、边缘计算关键问题研究、5G 商用发展关键问题研究等反映 2020 年中国通信行业发展重点的专题。

本书适合基础和增值电信运营商、电信设备制造商、金融投资机构、科研机构和其他有关机构的管理和研究人员以及关注中国信息通信业发展的人士阅读及查阅资料。

◆ 编　　　　中华人民共和国工业和信息化部办公厅
责任编辑　李　静
责任印制　陈　犇

◆ 人民邮电出版社出版发行　　北京市丰台区成寿寺路 11 号
邮编　100164　　电子邮件　315@ptpress.com.cn
网址　https://www.ptpress.com.cn
三河市中晟雅豪印务有限公司印刷

◆ 开本：787×1092　1/16
印张：16　　　　2021 年 3 月第 1 版
字数：203 千字　　　　2021 年 3 月河北第 1 次印刷

定价：368.00 元

读者服务热线：(010)81055493　印装质量热线：(010)81055316
反盗版热线：(010)81055315
广告经营许可证：京东市监广登字 20170147 号

编　委　会

前　言

在党中央国务院坚强领导下，2019 年我国信息通信业得到了高速发展，信息通信基础设施不断完善，创新能力持续提升，产业发展水平日益提高，奠定了全球领先优势。

2020 年是全面建成小康社会和“十三五”规划的收官之年。当今世界正面临百年未有之大变局，信息通信行业需要在全局中谋发展，在挑战中寻机遇。这就要求信息通信行业从业者全面贯彻落实党中央、国务院决策部署，坚定不移地贯彻新发展理念，牢牢把握高质量发展的根本要求，立足网络强国建设全局，持续深化改革，努力扩大开放，推动转型升级，营造良好环境，奋力推动工业和信息化事业发展再上新台阶，加快构建以国内大循环为主体、国内国际双循环相互促进的新发展格局。

为持续推动信息通信行业健康发展，工业和信息化部组织编写了《中国信息通信业发展指导（2020）》，在总结回顾 2019 年行业发展情况的基础上，梳理分析 2020 年行业发展形势、思路，提出行业管理重点工作举措，以期为行业管理者和从业人员提供指导与参考。

目　　录

第一篇　总体篇

一、2019 年中国信息通信业发展回顾

2019 年，我国信息通信业运行平稳。电信业务收入保持稳定，全年完成 1.3 万亿元，同比增长 0.8%；电信业务总量增速较 2018 年回落，但仍保持 60%以上的高速增长。互联网及相关服务业延续平稳较快增长态势，规模以上互联网企业完成业务收入 1.2 万亿元，同比增长 21.4%。

（一）着力夯实网络强国建设基础

5G 发展开启新征程。2019 年 5G 商用牌照正式发放，网络建设稳步推进，到年底建设开通 5G 基站 13 万个，在超过 50 个地级城市提供 5G 商用服务，5G 用户近 250 万户。5G 产业生态和应用创新不断成熟，多项关键技术取得突破，中频段系统设备、终端芯片等产品性能优良，在工业、交通、医疗等行业和领域形成上百个 5G 创新应用场景，成立 5G 应用产业方阵，发布《面向行业 5G 网络架构白皮书》。5G 技术研发持续推进，积极参与 3GPP 国际标准制定，开展 5G 增强技术研发试验和毫米波关键技术测试。大力推进芯片与系统互联互通测试，有力促进了终端产品成熟。成立 6G 研究组，启动 6G 需求、无线技术、网络技术、频谱和国际合作等方面的前瞻研究。

NB-IoT 标准化、产业化进程加速。2019 年，NB-IoT 作为 5G mMTC 组成部分，正式被国际电联纳入 5G 候选技术组合，国际和国内标准研究制定进程加快。产业链加快成熟，海思、联发科、展锐、高通等厂商已具备规模量产能力，模组成本快速下降。网络部署加快，三家基础电信企业已部署超过 70 万个 NB-IoT 基站，初步完成县级及以上城区基本覆盖。行业应用加速发展，在各垂直行业开始规模商用，NB-IoT 连接数达 8000 万个，实现水表与燃气表两个千万级、其他十个百万级单行业规模应用。

网络和应用基础设施持续优化升级。新型互联网交换中心试点在浙江杭州启动，网络顶层架构优化取得突破性进展。批复同意在内蒙古呼和浩特设立国家级互联网骨干直联点。IPv6 网络基础设施能力稳步提升，已完成全部 13 个互联网骨干直联点的 IPv6 改造，累计开通 IPv6 网间带宽 8.8TB，IPv6 骨干网平均网间时延 40.7ms，平均网间丢包率 0.11%，基本趋同于 IPv4 网络。固定网络和 LTE 网络 IPv6 升级改造全面完成，截至年底共有 11.8 亿 LTE 用户、1.9 亿固定网络用户获得 IPv6 地址，IPv6 活跃连接数达到 11 亿。IDC 建设保持快速增长，预计 2019 年全国已建 IDC 机架达 266 万左右[1]，年增长率近 30%。基础电信企业 907 个 IDC 已全面完成 IPv6 改造。全国主要 CDN 企业支持 IPv6 的节点数超过 2682 个，已具备在全国范围提供 IPv6 业务的分发加速能力。负载均衡、对象存储、域名解析等主要云产品已初步具备 IPv6 服务能力。国际通信网络持续优化，重庆、西安、贵安、天津自贸区 4 个城市/园区获批新建国际互联网数据专用通道，总数达到 31 条。批复同意 3 家基础电信企业将深圳边境局升级为区域业务局，批复同意中国移动新增乌鲁木齐区域业务局和文昌信道局。海外 POP 点超过 320 个。

1 数据来源：中国信息通信研究院

提速降费年度目标全面完成。网络提速方面，2019 年我国固定宽带迈入千兆时代，超过 300 个城市部署千兆宽带接入网络，覆盖用户规模超过 5000 万户；千兆商用逐步铺开，截至四季度有 59 个省级运营企业发布了千兆商用套餐，千兆宽带用户规模达到 87 万，500Mbit/s 以上接入速率用户占比近 5%，100Mbit/s 以上接入速率用户占比达 85%。移动网络持续扩容升级，全年新增 4G 基站 172 万个，总数达到 544 万；4G 用户占比达到 80%，12 月当月移动互联网用户户均流量 8.6GB，同比增长 37.5%。教育、医疗等重点行业网络覆盖水平持续提升，全国县级以上诊疗机构实现网络全覆盖，中小学宽带接入率超过 98%。网络降费方面，2019 年中小企业宽带和专线资费、港澳流量漫游费大幅下降，针对低收入和老年人群体推出地板价资费方案，面向建档立卡贫困户提供最大折扣优惠，移动数据流量全年平均资费降至 5 元/GB，同比下降超过 40%[2]。

电信普遍服务及网络扶贫向纵深推进。第四批电信普遍服务试点 4G 基站项目建设总体进度超 90%，其中海南 6 个海岛的 4G 基站已全部建设完成，实现三沙有人居住岛礁 4G 全覆盖。全国行政村通光纤和 4G 网络比例双双超过 98%，试点地区平均下载速率超过 70Mbit/s，基本实现农村城市“同网同速”。启动第五批电信普遍服务试点，重点加快偏远地区、边疆和海岛地区的 4G 网络覆盖，推进农村 20 户以上人口聚居区的 4G 网络覆盖，支持全国 20 个省（自治区、直辖市）162 个地市的农村和偏远地区建设 4G 基站约 2 万个。深入实施网络扶贫，聚焦“三区三州”等深度贫困地区持续完善宽带网络覆盖。持续开展“互联网+健康扶贫”试点，支持河南汝阳等四个市县先行先试。凝聚各国普遍服务工作共识，推动国际电信联盟发布《敦煌倡议》。在中央纪委国家监委牵头的“解决水电气网路等农村公共基础设施正常使用和日常维修养护中

2　数据来源：工业和信息化部

存在的问题”专项整治中，深入推进农村宽带网络专项整治，在边疆地区部署新建 1312 个 4G 基站，抢修恢复光缆 3.1 万千米，故障平均修复时长相比整治前缩短 15%以上，圆满完成专项整治各项工作。

（二）持续深化电信领域改革开放

电信市场开放步伐不断加快。持续支持民营移动通信转售企业发展，已有 39 家民营转售企业获得正式商用经营许可，累计发展超过 1.5 亿用户。支持民营企业开拓物联网市场，继续鼓励民间资本以多种形式参与宽带网络建设和运营。三网融合全面推进，中国广电获 5G 牌照及 4.9GHz 频段 5G 试验频率使用许可，同意其在北京等 16 个城市部署 5G 网络。全国广电企业发展有线宽带家庭用户突破 4300 万户。以自贸区为重点，积极推动电信业务向外资开放，截至 2019 年年底，共批准外商投资电信企业 191 家。2019 版外商投资负面清单取消国内多方通信服务、存储转发类、呼叫中心 3 项业务的外资股比限制，外资最高可达 100%。

引导电信市场竞争转向服务质量竞争。2019 年，“携号转网”正式在全国实施，工业和信息化部构建了“1+3”政策框架体系，制定周密实施方案，全行业完成约 1800 项网络和业务管理系统建设改造，开展网内网间联调联测项目超过 103 万个，累计投资超过 30 亿元，建成全国 31 个省（自治区、直辖市）“携号转网”实时交互联动系统，达到“小时级”携转效率，将我国通信服务推上一个新的高度。5G 异网漫游工作组成立，共同推进 5G 网络共建共享。三家基础电信企业根据监管层要求，进一步压降营销成本，严格管控销售行为，将以 2018 年为基数，社会渠道费用 3 年压降 20%，其中渠道酬金逐年下降 20%，自 2022 年起全部取消渠道酬金，引导市场竞争由价格战向服务质量竞争上转移。

（三）互联网进入动能转换新时期

互联网行业保持稳中向好的增长态势。2019 年我国规模以上互联网和相关服务企业完成业务收入 12061 亿元，同比增长 21.4%；实现营业利润 1024 亿元，同比增长 16.9%，增速较 2018 年提高 13.1 个百分点。各业务板块中，信息服务收入整体快速增长，全年完成信息服务（包括网络音乐和视频、网络游戏、新闻信息、网络阅读等服务在内）收入 7879 亿元，同比增长 22.7%，其中，音视频服务增速保持领先；互联网平台服务企业（以生产服务平台、生活服务平台、科技创新平台、公共服务平台等为主）实现业务收入 3193 亿元，同比增长 24.9%，生活服务、网络销售服务规模不断扩大；互联网数据服务（含数据中心业务、云计算业务等）实现收入 116.2 亿元，同比增长 25.6%，截止到 12 月末，部署服务器数量达 193.6 万台，同比增长 17.3%。

互联网传统业务转型升级步伐加快。2019 年，从需求侧来看，随着互联网人口普及率增长，移动互联网流量红利逐步见顶；从供给侧来看，互联网传统业务经过充分竞争，面向消费者的应用创新空间不断压缩，消费互联网增速持续放缓，互联网企业加快发展新型业务，积极向三、四、五线城市和农村用户渗透。具体业务方面，利用物联网、大数据、人工智能等新技术的智能零售，通过分析消费者个性化、潜在化的购物需求，指导商品的生产、制造和流通全环节，实现“人、货、场”无缝衔接，贴身解决用户需求。游戏+电竞产业蓬勃发展，以知识产权（IP）为媒介，与其他娱乐产业产生更多联动并加快海外市场扩展。互联网内容生态逐步建立，“信息流+短视频”掀起数字内容发展新浪潮，覆盖工作生活各领域，成为流量新高地。

企业服务开辟互联网发展新空间。随着互联网领域投融资逐渐回归理性，市场对企业估值的判断也从基于流量获客向利润创造导向转变，企业服务市场价值凸显。大型互联网企业将目光转向企业市场，通过打造技术中台、开放数字化能力等手段赋能B端（企业端）。百度、阿里巴巴、腾讯三家互联网企业先后进行组织架构调整，齐聚企业服务赛道，腾讯利用C端（消费者端）社交网络的巨大优势，连通企业端，强调为企业市场扩展及营销赋能；阿里以阿里云为主攻，结合消费领域大数据，为制造企业产品研发赋能；百度借助AI（人工智能）弯道超车，融合 AI、大数据的技术能力，通过云的载体进行输出，提升企业生产活动效率。2019年，规模以上互联网和相关服务企业中有33.13%的企业专门或部分涉及产业侧服务，开辟互联网行业新发展空间。

（四）经济社会数字化转型加速

工业互联网创新发展进入快车道。工业互联网创新发展工程顺利推进，启动实施“5G+工业互联网”512工程。2019年制造业高质量专项（工业互联网方向）深入实施。工业互联网体系加快构建，标识解析体系初具规模，五大顶级节点功能不断完善，实现与Handle、OID 体系国际根节点的对接。42个二级节点部署上线，接入企业超过900家，标识注册量达17亿。平台供给能力显著提升，具备影响力的工业互联网平台超过50家，重点平台平均工业设备连接数近60万。多方协同联动的产业生态进一步扩大，工业互联网产业联盟成员超过1200家，启动45个测试床项目，评选优秀应用案例60个，针对11个垂直行业开展专题研究，相关技术、标准、研发、应用等方面产业合作不断增强，对制造业数字化转型和实体经济高质量发展的支撑作用日益显现。

数字政府建设成为各地争相探索突破的新领域。数字政府是数字中国体系的有机组成部分，是打造营商环境新优势、实现经济高质量发展、推动数字中国建设的重要抓手。国内数字政府建设起步相对较晚，但定位高、改革力度大。2019 年广东、广西、山东、湖北、浙江、山西等省（自治区）多措并举探索数字政府建设，推动公共服务供给从以机构为中心逐步向以市民为中心、由过去线下分散办理向线上线下相融合的统一集中办理转变，出现了“最多跑一次”“一次不用跑”“不见面审批”“秒批秒办”等一批先进模式。其中广东省从体制机制入手，破除数字政府改革障碍，将负责电子政务建设的主力军“政府信息中心”全部撤销，与互联网公司合作组建属地混合所有制公司，成为国内数字政府建设改革力度最大的地区。

区块链赋能构建“可信”智慧城市。区块链以数据存证不可篡改、数据流通全程可溯赋能智慧城市数据治理，创建更大范围协同互信。2019 年全国各地探索区块链技术与云计算、大数据等新兴技术的融合创新，为城市治理、民生服务、生态宜居等领域提供智能应用。截至 2019 年 5 月，全国共成立区块链产业园 22 家[3]，广东、上海等沿海城市占比过半，其中 20 家为政府主导或参与推进，政务民生类应用项目数量显著增多，司法存证、税务、电子票据、产品溯源等其他领域稳步发展。如北京互联网法院以“开放、中立、安全、可控”为建设原则，创新司法存证，已完成跨链接入区块链节点 18 个，并完成第三方数据服务平台、互联网平台、银行、保险、互联网金融等 9 类 25 个应用节点数据对接。徐州市公安局牵头利用区块链建立城市间警务数据区块链共享系统，开创性解决公安联动机制和信息共享技术的信任问题，实现跨省地市间警务数据实时加密共享。

大数据平台成为新型智慧城市建设核心。城市大数据平台源于政务共享交换平台，内涵极大延展增强。一方面数据资源扩展到城市运行感知数据、互联网数据、企业数据等，实现从封闭自用的政务信息资源向多方共建共用的城市

3 数据来源:中国信息通信研究院《区块链白皮书 2019》

大数据的跨越。另一方面，处理能力从政务数据的共享开放和交换，提升到多源异构数据采集、处理、开发、分析、展现、治理等，可实现对城市大数据全生命周期的治理。截至 2019 年 6 月，我国 36 个主要城市（直辖市、省会城市、副省级城市）100%建设了统一政务共享交换平台，其中近 30%的城市正启动建设或推进建设城市级大数据平台。

二、信息通信业在疫情防控和复工复产中的作用

进入 2020 年，面对新型冠状病毒肺炎疫情这一中华人民共和国成立以来传播速度最快、感染范围最广、防控难度最大的重大突发公共卫生事件，工业和信息化部组织基础电信企业，积极落实党中央、国务院关于统筹推进疫情防控和经济社会发展工作的决策部署，努力克服疫情影响，加快实现信息通信业全面复工复产，全力为各行各业提供可靠的网络和服务保障，同时创新推出一批适应疫情期间应用的新业务新业态，担当了网络信号守护者和复工复产赋能者的重要角色，支撑了经济社会秩序的平稳恢复。

（一）充分运用通信大数据，助力服务疫情防控和复工复产

积极加入国务院疫情联防联控机制疫情防控组，第一时间组织全行业积极运用通信大数据聚焦重点人、重点区域、重点时间节点进行监测、统计，对打赢这场数字时代的人民战争发挥了重要作用，成为我国疫情防控成效显著、树立全球“标杆”的重要保障之一。

在服务全国疫情态势研判和溯源分析方面，根据疫情形势变化，坚持每日分析武汉、北京、乌鲁木齐、大连等疫情中高风险地区人员向全国各地的流动

情况，配合做好确诊病例、疑似患者、密切接触者溯源分析，支撑各级联防联控机制做好防控工作。

在助力防范境外疫情输入风险方面，做好境外疫情输入预防性监测，支撑海关部门做好相关入境人员行程查验，对来自疫情严重国家和地区的重点人群进行筛查，及时发现瞒报、漏报、不实申报行程信息等问题。

在服务复工复产复商复学方面，及时开发推广“通信行程卡”服务，免费为人员返岗提供 14 天的出行证明，已累计提供查询服务超 30 亿次。持续监测富士康等近 30 个重点产业园区的复工情况，为评估复工情况提供参考。

在平台建设方面，举全行业之力在 1 个多月时间内建成开通通信大数据综合分析平台，具备全国人员流动统计分析、重点人群分布、疫情发展态势预测等功能，为中央地方科学决策提供数据支撑。

（二）加快 5G 网络建设，带动产业链协同复工复产

多次组织基础电信企业专题研究部署，集中资源和力量加快网络建设进程，研究制定了《关于推动 5G 加快发展的工作方案》，围绕网络建设、产业推进和应用发展三个重点方向开展一系列工作。

在抢抓 5G 建设进度方面，积极克服疫情期间人员返岗难、施工现场进入难等实际困难，打破常规开展工作，如调整优化原有的工作流程和时间计划，采取线上做、并行做、提前做和网上评标等方式，将疫情对进度的影响降到最低。截至 2019 年 4 月，全国 5G 基站数已超过 20 万个，全年预计将建成 60 万个，5G 投资超过 1800 亿元，释放了积极信号，提振了市场信心。

在推进产业协同方面，召开产业链工作推进会，组织国内外主要通信设备企业开展研发和测试，推进 5G 独立组网技术标准的完善，加快电信和联通网

络共享所需大带宽设备的成熟；联合相关部委组织实施新型基础设施建设工程，开展5G行业虚拟专网研究和试点，推动5G技术与制造业融合。

在促进应用普及方面，充分发挥5G产业应用方阵的作用，推动各基础电信企业及产业链相关企业深入挖掘5G应用场景，在远程会诊、机器人防疫、红外测温等公共卫生和管理方面发挥了积极作用。随着复工复产潮的到来，我们支持企业探索5G助力复工复产的新模式，推出5G+远程签约、智慧工地、智慧物流、远程监控等多种创新应用，为经济平稳增长提供强劲动能。

（三）发挥龙头带动作用，帮扶中小合作伙伴复工复产

积极鼓励支持基础电信企业担当作为，推出各项帮扶举措，帮助受疫情冲击大、抗风险能力弱的中小合作伙伴尽快复工复产。

在疫情防控方面，为渠道代理、工程施工、设计、维护等中小合作伙伴提供防护物资、开展防护培训、帮助申领通行证等，实现人员尽快返岗开工。

在提升经营能力方面，通过开展联合促销、加大重点产品销售激励、开辟测试及采购绿色通道、提供“手机营业厅App、云店、码店”等互联网经营工具等举措，提升合作伙伴适应市场变化能力。

在资金帮扶方面，推出专项减免或补贴房租、放宽货款周转期限、开辟绿色结算通道、合理延长到货期等举措，缓解合作伙伴经营压力。截至4月共向约1800家合作伙伴提供企业白条等融资支持，授信超过6亿元；通过渠道房屋租赁减免政策，使合作伙伴收益超过1.3亿元。

（四）推出新应用新业态，赋能各行业复工复产

组织基础电信企业充分发挥技术优势，及时开发推出一系列基于信息通信

技术的新应用新业态，满足各行业的信息化需求，成为疫情期间赋能各行业复工复产、变危为机、推进转型升级的重要利器。

在疫情防控方面，推出远程医疗、热成像测温、无人机消毒、智能数据填报、行程免费查询等服务，助力员工返岗复工和企业查验管理。

在便利企业开工方面，免费推出云视频、云桌面、移动办公等产品，帮助企业员工进行远程高效办公、在线培训等，实现“见屏如面”，缓解企业复工难问题，其中免费云视频已累计服务约 3 万个单位。

在提高生产效率方面，借助信息技术帮助企业实现了设备管控的网络化与智能化，推动采购、管理与销售等活动由线下走向线上，为各垂直行业改进生产模式、提升生产效率等创造条件。

（五）保障网络稳定畅通，有力支撑疫情防控和复工复产

宽带网络已成为广大人民群众生产生活的必需品，特别是在当前这个特殊时期，做好宽带网络建设对于稳民心、保生产具有极为重要的作用。近年来，信息通信业落实党中央、国务院的要求，加大网络能力的适度超前建设，疫情期间及时启动应急响应机制，加强网络监测和资源调度，重点针对社会舆情反映的企业复工复产、停课不停学过程中遇到的网络不畅、信号不好、费用压力加大等问题，出台有关政策，保障生产、生活、学习等用网需求。

在网络和服务保障方面，一是保障重点区域用网畅通。各基础电信企业快速响应，全力做好火神山医院、雷神山医院、方舱医院等救治场所的配套通信设施保障工作，持续测试并优化院内 4G、5G 信号，对隔离安置点等场所，确保移动网络、光纤宽带、IPTV 等信号畅通，舒缓隔离人员的紧张焦虑情绪。积极应对疫情期间湖北省网络流量激增，加强武汉等重点地区宽带网速监测工

作，组织基础电信企业和有关互联网企业通过带宽扩容、新增服务器、利用内容分发网络（CDN）加速、开通 VPN（Virtual Private Network，虚拟专用网络）等，基本保障了湖北各地区用户的网络正常使用。二是针对疫情期间各地基础电信企业运维力量不足、影响群众和企业正常用网的情况，印发了《关于做好宽带网络建设维护助力企业复工复产有关工作的通知》，组织各企业在疫情防控期间强化责任意识和服务意识，做好宽带网络优化和升级，畅通业务咨询、服务和投诉渠道，为群众生活和企业复工复产提供安全稳定的网络环境。基础电信企业制定专项工作方案，实时监测网络运行情况，快速开展网络扩容升级和优化，提前消除发现的潜在隐患；及时开展复工复产企业情况摸排和需求沟通，分类制订保障措施，确保企业复工复产后的网络畅通；创新服务保障方式，如客服人员通过居家坐席为用户提供业务咨询和受理，工程人员通过远程视频处理封闭管理期间小区内的网络故障等，尽力保障疫情期间用户对网络服务的需求不中断。

在支持一线医护人员方面，以联防联控机制综合组名义印发《关于开展线上服务　进一步加强湖北疫情防控工作的通知》，搭建数字健康资源供给对接平台，协调国内相关企业提供信息技术解决方案和产品，进一步发挥远程医疗、互联网诊疗等线上服务在疫情防控工作的作用。为保障疫情防控一线医护人员等正常通信，三家基础电信企业在抗疫期间推出免费用、免停机等一系列服务，为赴湖北医疗人员充值 1000 元爱心话费，累计投入超过 5000 万元。

在助力停课不停学方面，组织专门团队并建立部企协同联动机制，每日网上监测关于信号弱影响正常上网课的情况，及时转当地电信企业组织力量快速响应有效处置，共为西藏、内蒙古、四川、贵州等约 10 个省（自治区）的偏远山区 50 个弱信号地点建铁塔补基站，为那里的师生上网课提供满格信号。

同时，积极主动对接各类在线教育平台，及时帮助优化提升网络性能，切实改善广大师生的访问体验。

在开展精准帮扶方面，印发《关于进一步做好新冠肺炎疫情防控期间宽带网络助教助学工作的通知》，推出定向流量优惠、流量包赠送、资费优惠、带宽免费升级等活动，缓解贫困家庭学生和一线教师的用网支出压力，各项优惠举措已让利超过 18 亿元，惠及超过 6800 万师生，其中贫困学生超过 500 万人。此外，为支持赴鄂医疗人员抗击疫情，提供价值超过 7000 万元的通信费用减免、赠送话费、免停机等服务，以实际行动向最美逆行者致敬。

三、2020 年中国信息通信业的发展形势和发展思路

（一）信息通信业的发展形势

2020 年是我国决胜全面建成小康社会和“十三五”规划的收官之年，也是 5G 商用部署的关键之年。建设基于 5G、人工智能、工业互联网、物联网等新型基础设施的现代化经济体系，是跨越关口的迫切要求和我国发展的战略目标。在此次新型冠状病毒肺炎疫情防控中，信息通信技术的创新应用发挥了积极作用，5G 网络和应用初试身手，经济社会的数字化转型进程有望进一步加速。

信息通信业将开启新一轮增长周期，增速较“十三五”略有提升。2020—2025 年，我国经济将保持稳中向好、长期向好的总体态势，5G、人工智能、工业互联网、物联网等新型基础设施建设将激发和释放潜在的经济动力和活力，成为整个经济社会的新增长引擎。2025 年，电信业收入规模将超过 1.5 万亿元，年均增长约 3%；互联网收入规模将超过 3 万亿元，年均增速 18.4%。

信息通信业创新投入持续加大，技术创新加速推进。2020—2025年，预计重点国家的ICT研发经费年均增长3.68%，中国达6.76%。全球ICT发明专利申请量预计年均增长率为10.61%，中国达12.66%，领先于全球水平。AI、6G、天地一体化等技术将促使信息通信网络架构更加简洁化、多制式融合化、去异构化；时间敏感网络、OPC统一架构、确定性网络等技术使得时延更加稳定和确定化，加速远程应用的广泛落地；软件定义等技术使得网络编排、多模态转发、路由等更加柔性化，信息通信安全技术发展强调内生安全、自我免疫、自我进化的特点更加鲜明。

信息通信技术与实体经济深度融合，加快推动经济社会数字化转型。未来五年，以5G、千兆光纤、工业互联网、大数据、人工智能等为代表的新一代信息通信技术将加速突破应用，与实体经济在更广范围、更深层次、更高水平深度融合，促进经济发展质量变革、效率变革、动力变革，颠覆传统制造方式、组织模式和产业形态。数字化转型将由特定领域应用示范走向全面推广，由大型企业向中小企业全面铺开。工业互联网将在航空、汽车、机械、电子等重点领域及传统行业全面应用，5G+车联网、5G+无人机、5G+智能电网等新场景新业态大规模推广。中小企业数字化转型将以上云为主要形式，逐步完成生产经营流程的数字化改造。支撑数字化转型的产业生态体系逐步完备，领先制造企业、互联网企业、专业化服务公司和初创企业将持续竞合，诞生一批支撑经济社会数字化转型升级的平台型领军企业。

信息通信技术重塑智能化治理和服务模式，智慧社会新形态不断演进。未来五年，信息通信技术将在政府治理、公共服务等领域融合创新，激发智慧社会进一步演进，为信息通信业发展带来巨大空间。一是基于城市信息模型，打造数字孪生社会大脑，运用5G、云计算、大数据、人工智能等技术，通过智能分析、模拟仿真和预测预警，实现社会治理全局调度与协同治理，助力构建智能化社会治理体系。二是提供情景交融的主动服务体验，通过高清视频、沉浸式游戏、VR线上旅游等技术，提供智慧社会在线服务，实现跨区域、跨阶层无差别的情景交融的普惠服务，持续增强人民群众的获得感、幸福感。

信息通信技术赋能服务质量提升，人民群众获得感持续增强。未来五年，在5G、千兆光纤、云计算、人工智能、大数据、区块链、物联网等新一代信息通信技术赋能下，传统的以网络、业务为核心的行业发展模式将过渡到以用户为核心构建产品、部署网络的模式，个性化、精准化的应用服务将大量出现。如基于大数据的精准用户画像，能够提供前瞻性服务，并提供问题预警，创新服务手段和模式。个人信息保护、携号转网、骚扰电话整治、各类科技民生服务等更多信息惠民服务将推广普及，服务将更加智能、更加安全，服务引领信息通信行业发展的作用将进一步凸显。

（二）2020年信息通信业的总体发展思路

2020年以来，面对新型冠状病毒肺炎疫情全球扩散、世界大变局加速演变、国内经济下行压力加大等国内外风险挑战明显上升的复杂形势，中央部署5G、工业互联网等新型基础设施建设的脚步前所未有的加快。新型基础设施领域作为新一轮基建投资的重要方向，兼顾短期逆周期调节及中长期高质量发展双重任务，成为驱动我国经济新一轮内生性增长的新动能。

2020年7月，中共中央政治局会议分析研究当前经济形势，部署下半年经济工作。会议指出，当前和今后一个时期，我国发展仍然处于战略机遇期，但机遇和挑战都有新的发展变化。当前经济形势仍然复杂严峻，不稳定性、不确定性较大，我们遇到的很多问题是中长期的，必须从持久战的角度加以认识，加快形成以国内大循环为主体、国内国际双循环相互促进的新发展格局，提升产业链供应链现代化水平，大力推动科技创新，加快关键核心技术攻关，打造未来发展新优势。

信息通信全行业要坚持以习近平新时代中国特色社会主义思想为指导，全面贯彻党的十九大和十九届二中、三中、四中全会精神，深入贯彻党中央、国务院决策部署和中央经济工作会议精神，紧扣全面建成小康社会目标任务，坚持稳中求进工作总基调，坚持新发展理念，坚持以供给侧结构性改革为主线，立足制造强国和网络强国建设，以整体优化、协同融合为导向，统筹存量和增量、传统和新型基础设施发展，打造集约高效、经济适用、智能绿色、安全可靠的现代化基础设施体系，统筹推进稳增长、促改革、强基础、调结构、深融合、防风险，促进信息通信业高质量发展，拓展数字经济发展新空间，确保“十三五”规划圆满收官，更好地支撑和保障全面建成小康社会。

四、2020年行业管理重点工作举措

（一）统筹做好疫情防控和企业复工复产工作

继续加大工作力度，助力复工复产和经济社会秩序全面恢复。一是加快5G发展。组织基础电信企业积极开展5G网络建设，鼓励地方政府加大对5G站址、用电等的支持力度，力争追回受疫情影响的建设进度；持续加大5G技术研发，丰富5G应用场景，推动5G在各领域的融合应用，更好地发挥5G“一业带百业”的重要作用，进一步释放在稳投资、促消费、助升级等方面的巨大潜力，对冲疫情对经济的影响。二是持续助力各行业复工复产。深入推进千兆

光纤网络建设和电信普遍服务，夯实电子商务、远程办公、远程教育、远程医疗等典型应用的网络基础，深化跨行业合作，为各行业复工复产提供有力支撑；总结推广一批在复工复产中催生的商业模式清晰、带动作用明显、应用前景广阔的新应用新业态，支撑经济社会数字化、网络化、智能化发展。三是坚持通信大数据支撑防控措施不松懈，持续做好常态化监测预警工作，并积极适应常态化疫情防控需要，及时调整监测策略重点，优化相关防控机制措施，慎始如终地做好通信大数据支撑疫情防控工作。

（二）深入实施网络强国战略

完善行业高质量发展顶层设计。研究制订信息通信业高质量发展的指导意见，编制《信息通信行业发展规划（2021—2025 年）》，会同国家发展和改革委员会、科学技术部编制《“十四五”新型基础设施建设规划》，配合推进《电信法》立法进程。

优化提升网络供给质量。加大网络基础设施建设力度，深化共建共享。优化数据中心建设布局，加快建设进度，支撑 5G 和各行业应用快速发展。持续开展千兆光纤接入试点和移动网络扩容升级，引导面向重点场所优先覆盖“双千兆”网络。进一步提升网络速率监测能力，组织开展重点场所网络体验测试工作。着力推进“双千兆”在车联网、智能制造等重点领域的深化应用。深化与教育、卫生部门的合作，为远程教育、远程医疗发展提供完善的网络条件。

纵深推进电信普遍服务和网络扶贫。加快推进已部署的第四批、第五批电信普遍服务试点工程建设，力争项目全面完工，联合财政部组织实施第六批电信普遍服务试点，不断提升农村及偏远地区宽带基础设施水平。重点支持“三区三州”等深度贫困地区及偏远地区的网络覆盖。加快推进贫困地区网络普及应用。电信普遍服务补偿机制进行深入研究，提出未来工作方向，提前做好项目储备。

强化政策保障措施。推动将通信基础设施规划建设纳入国土空间规划协同推进，巩固提升光纤到户工作成效，推进已有住宅小区和商业楼宇的光纤化改造。加强与铁路部门的合作，及时协调沟通建设项目需求，推进川藏、京雄等重点铁路沿线通信基础设施建设。

（三）加快新型基础设施建设

加速推动 5G 商用发展。健全完善 5G 发展政策环境，鼓励各地政府加大 5G 站址资源、用电等方面的支持，加快推进主要城市的网络建设，并向有条件的重点县镇逐步延伸覆盖。2020 年力争在所有地级以上城市提供 5G 商用服务。以 5G 在工业互联网、车联网、新媒体等领域应用为引领，推动重点行业融合应用，探索创新模式和发展路径。举办第三届“绽放杯”5G 应用征集大赛，继续引导探索 5G 应用创新。加强国际合作，鼓励外资企业参与我国 5G 市场，支持我国企业国际化发展。

持续推进工业互联网创新发展。进一步强化网络、平台、安全三大体系建设，聚焦工业互联网内外网络建设改造，实施“5G+工业互联网”512 工程。健全以国家顶级节点为核心的标识解析体系，深化标识解析应用。打造国际一流水平的工业互联网平台体系，推动工业企业上云，培育壮大工业 App。完善国家、省级/行业、企业三级联动的安全保障体系。深化工业互联网在实体经济各领域的融合应用，持续推进工业互联网创新发展工程、试点示范和产业基地建设，形成一批可复制、可推广、可持续的路径模式。提升工业互联网产业基础能力，加强新型关键技术和应用技术攻关与成果转化，培育壮大工业互联网产业生态。

持续推动 IPv6 规模部署。聚焦《关于开展 2020 年 IPv6 端到端贯通能力提升专项行动的通知》《关于推进互联网电视业务 IPv6 改造的通知》各项任务要求，加快数据中心、内容分发网络、云平台、终端设备等关键环节 IPv6 改造，以提升 IPv6 活跃用户和流量规模为核心目标，持续提升 IPv6 端到端贯通能力。加强 IPv6 改造“监测+评测”工作，利用技术手段对网络质量和各关键环节进行评测发布。建立健全企业对接协调机制，指导 IPv6 专项协同推进工作组进一步做好网络与应用改造协调对接。支持 IPv6 在 5G、工业互联网、车联网等领域融合创新发展。

促进移动物联网创新发展。印发《深入推进移动物联网全面发展的通知》，进一步激发移动物联网应用潜力，高质量推进 NB-IoT 与 4G、5G 协同发展。加强移动物联网标准和技术研究，进一步加大 NB-IoT 网络部署力度，制定移动物联网发展指数，完善相关评价体系。开展最佳应用案例征集，遴选一批技术先进、性能优秀、应用效果好的 NB-IoT 产品、平台，提升移动物联网应用的广度和深度。

加强 5G 新技术研发。推进 5G 标准化工作，开展 R17 标准研究。持续开展 5G 增强技术研发试验，推动芯片和系统开展更广泛的互操作测试，组织开展毫米波试验。扎实推进 6G 前瞻性愿景需求及潜在关键技术研究。

（四）深化“放管服”改革，提升治理水平

加快电信领域开放和“走出去”步伐。进一步研究新形势下移动转售、宽带接入网开放及对外开放政策。继续做好上海自贸区已开放业务运行情况调研和总结评估，指导其他自贸区做好复制上海自贸区开放政策落地实施。支持粤

港澳大湾区和海南自贸港建设，研究适合当地的支持政策。积极推动“一带一路”重点方向通信基础设施建设，鼓励创新服务应用，引导和支持国内信息通信企业布局海外市场。

深入推进简政放权。继续优化行业准入，在 18 个自贸区全面试点开展第二类增值电信业务告知承诺审批制度改革。加强事中事后监管，加快构建完善以信用为基础的新型监管机制。组织开展市场主体信用记分试点，探索对市场主体的信用量化评价和分级分类管理。推动新技术新业务规范有序发展。健全协同治理机制，打造政府主导、企业自治、行业自律、社会监督的多元共治模式。

扎实做好资源管理。加强网站、域名、IP 地址备案，将移动应用程序（App）、工业互联网标识资源及解析服务纳入管理范畴。加强 IP 地址监测核查，强化互联网接入管理，建立面向数字经济的精准溯源和有效管控能力，持续净化网络环境。做好 5G、卫星通信、eSIM 和融合终端等新型设备进网管理。进一步加强电信网码号资源管理。

切实维护用户权益。深入推进垃圾短信、骚扰电话治理，督促企业做好携号转网服务，加强用户个人信息保护和网络数据管理，深化 App 侵害用户权益专项整治，解决社会关注的突出问题和群众反映强烈的热点难点问题，持续提高服务水平。

（五）强化技术手段，增强数字化治理能力

进一步提升以网管网能力。以提升行业监管能力为主线，建设集约高效、统一共享、部省联动的监管大平台，推动实现技术手段的统一部署和运维。提高全网覆盖的数据采集能力，完善监管对象的数据对接机制，建立涵盖主体、资源、运行、安全的数据资源池。深化数据资源开发利用，构建“以网

管网、全网联动”的现代化技术支撑体系，加强跨地区、跨部门的信息互通和监管协同。

进一步加强新业态的技术监管能力。运用云计算、大数据、人工智能等新技术，增强全网的动态感知、科学预警、留痕溯源、调查取证能力，提升行业监管专业化、精准化、智能化水平。推动工业互联网、物联网等新兴领域监管手段布局，加强基础资源和网络接入管控，加快形成资产发现、态势分析、威胁识别、漏洞预警、重点企业监控等技术能力，为数字经济新形势下的行业监管提供专业化支撑。

（六）加强立法执法，持续健全完善监管制度

加强法规制度建设。加快布局构建面向工业互联网、物联网的法规制度体系，针对工业互联网标识解析、融合终端、数据、算法、平台等新兴领域加强立法跟踪。积极研究人工智能、区块链等新技术新业务的监管原则和监管方式，适时出台相关监管规则。面向新形势下行业管理需要，推动既有法律法规的更新和修订，为行业管理工作提供充分法律依据。

强化执法能力。培育专业化执法支撑队伍，依托专门机构人才优势，支撑信管局及各省执法。加大执法力度，加强法律法规知识培训和行政执法经验交流，依法依规严肃处理市场违法违规行为。建立完善执法公示平台，及时公示执法结果，提高行业监管公信力和威慑力。

（七）提升网络安全监管能力和综合保障水平

强化网络基础设施与数据安全管理。完善通信网络安全防护标准和评估认证体系，开展行业关键信息基础设施识别认定、网络关键设备安全检测工作。

健全完善网络安全态势感知、信息共享、威胁治理和应急指挥技术体系。制定出台行业网络数据安全标准体系框架、分类分级保护指南等制度文件。深化数据安全风险动态监测评估，开展重点领域、重点地区数据跨境流动安全评估实践。推动部省两级数据安全技术监管手段试点建设。

加快建设新型基础设施安全保障体系。落实《关于加强工业互联网安全工作的指导意见》，开展工业互联网企业网络安全分类分级管理试点，建设全国工业互联网安全技术监测体系，建立健全安全风险实时监测、快速发现、协同处置等机制。深化 5G 安全风险评估和安全能力建设，扎实做好 5G 网络设施安全、应用系统安全、数据安全等重点工作。

全面强化网络安全技术保障能力。全面梳理总结技术手段建设经验，编制出台网络安全技术手段建设和使用管理的指导性文件。统筹加强网络安全技术手段建设，推进建设行业安全大数据中心，全力抓好国家重大网络安全工程实施。加快完善车联网、人工智能、区块链等融合业务安全监管机制和技术能力建设。

推动构建科学高效的网络综合治理体系。拓展深化行业电信网络诈骗防范治理成效，建立完善涉疫情诈骗快速研判机制，编制出台运用大数据推进防范治理电信网络诈骗长效机制建设的指导性文件。加强物联网卡安全管理，加快网络诚信体系建设，有效支撑社会治理体系现代化。全力做好网络反恐和重大活动网络安全保障工作。

大力提升网络安全产业发展水平。落实促进网络安全产业发展的指导性文件，统筹推进国家网络安全产业园区建设，指导支持相关地方政府完善配套政策，鼓励引导更多大中小企业机构入驻园区。深化拓展网络安全技术应用试点示范，引导社会资本加大安全产业投入，加大网络安全技术创新和推广应用力度，提升安全服务供给能力。

第二篇　专题篇（专家视点）

专题一　信息通信业高质量发展研究

新一轮科技革命和产业革命加速推进，信息通信技术成为引领融合创新和打造现代化产业体系的主导力量，信息通信网络成为数字经济时代承载经济社会高效运行的最重要的国家基础设施，信息通信业在推动信息经济社会高质量发展中的基础性、战略性、先导性作用不断彰显，推动信息通信业高质量发展对实现经济高质量发展具有重大意义。

一、信息通信业高质量发展的意义

推动高质量发展是当前和今后一个时期确定发展思路、制定经济政策、实施宏观调控的根本要求。推动信息通信业高质量发展是贯彻落实党中央决策部署的重要举措，是增强经济发展活力和动力的关键引擎。

信息通信业承担关键基础设施建设的责任，要夯实网络基础。信息通信基础设施是推动网络强国、制造强国的坚实基础。网络强国建设要求信息通信业发展要加快建设双千兆网络，构筑超高速低时延的基础网络；持续推进网络重构，构筑敏捷高效开放的新型网络；加强网络安全保障，构筑技术先进性能可靠的安全网络。

信息通信业承担创新要素扩散推动的责任，负责赋能转型升级。新一轮信息科技革命中，信息通信业相对传统产业存在技术势能，将扮演技术扩散源的角色，是促进科技创新增量要素与传统存量要素结合的关键力量。加快推动信息通信技术与实体经济深度融合，发挥产业示范作用，带动传统产业数字化转型升级是信息通信业高质量发展的根本目标。

信息通信业承担ICT产业创新引领的责任，要抓住变革机遇。传统业务趋于饱和，信息通信业需要寻找新的收入增长动力。信息技术与实体经济深度融合将是一个长期的过程，难以快速规模化增长。为实现可持续增长，信息通信业需要补齐基础设施的短板，加快增长方式转变，提升效率效益。

二、信息通信业高质量发展的内涵与核心特征

（一）信息通信业高质量发展的内涵

信息通信业的高质量发展是经济高质量发展对技术要素的扩散要求，也是行业自身可持续发展的迫切要求。信息通信业的高质量发展以供给侧结构性改革为重要支撑，不断以高效率、高效益方式建设运营高质量信息通信基础设施，以高水平的技术创新能力带动ICT产业链发展、赋能经济转型升级，实现自身增长动力变革的过程。信息通信业高质量发展的框架如图1所示。

信息通信业高质量发展的目标是实现信息通信服务高质量供给，赋能经济转型升级，满足人民群众日益增长的美好生活的需要；核心表现是技术创新和融合引领能力强，信息通信基础设施建设运营质量高，资源配置和组织制度效率高；同时需要良好的产业生态体系和良好的政策环境、市场环境保障。

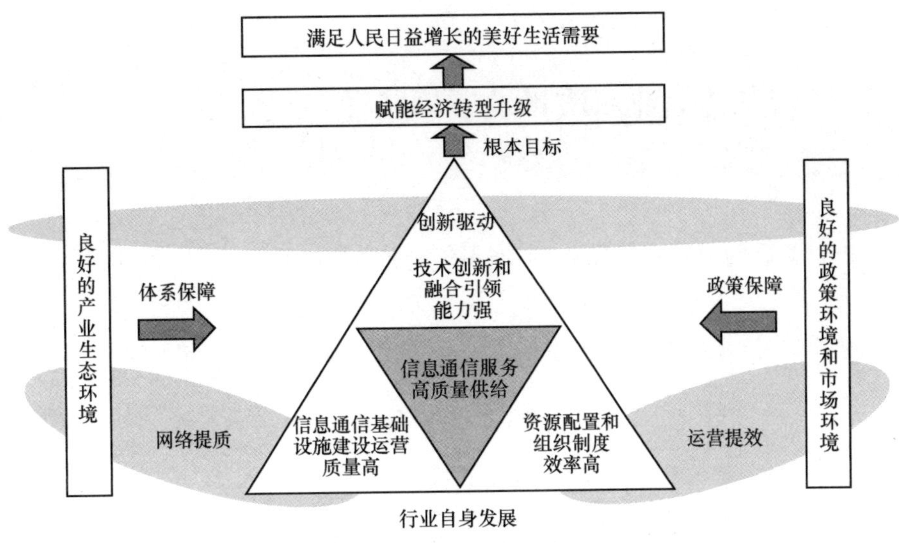

图 1　信息通信业高质量发展的框架

（二）信息通信业高质量发展的核心特征

创新驱动：紧紧抓住核心技术自主创新的“牛鼻子”，突破前沿技术和关键核心技术，加快网络提速提质；推动信息技术与传统行业的融合创新，推动实体经济转型升级；深化改革，完善公平市场环境，为科技创新营造良好的生态环境。

网络提质：提升网络支撑能力，打造高速畅通、移动泛在、灵活敏捷、安全可靠的信息通信基础设施；加强网络安全设施建设，提高信息通信基础设施的可靠性；提升产业协同能力，加强基础设施建设供应、运营支撑与应用创新发展之间的协同。

运营提效：提升经济运行效率，充分利用信息化手段创新管理流程，实现网络经济效益提升；着力缩小数字鸿沟，提升资源配置效益，促进全社会信息化水平整体的提升；加强绿色节能技术应用推广，降低信息通信基础设施的碳排放。

三、信息通信业高质量发展的路径

（一）营造创新制度环境，加快促进产业协同创新

一是网络技术创新，创新重点由业务创新、模式创新转向网络创新、技术创新。加强新一代光通信、移动通信、卫星通信、量子通信技术的研发和应用，推动网络设施向智能化综合信息基础设施的演进。

二是产业融合创新，创新模式由企业独立创新转向产业协同创新。加强信息通信技术创新在信息通信产业链之间传导，促进信息通信技术与经济紧密结合，加快信息技术创新与实体经济深度融合。

三是创新环境优化，创新环境构建高质量发展的制度环境。深化改革，优化创新市场环境，释放企业创新活力，深入实施人才优先发展战略，构建科技创新驱动发展评估体系。

（二）巩固优势补齐短板，持续推进网络提速提质

一是网络质量提升。积极推进 5G 网络建设，全面部署千兆光纤宽带；统筹推进物联网基础设施部署，加快构建车联网、工业互联网、能源互联网等智能化综合基础设施。

二是网络和信息安全保障。加强网络安全设施建设，完善信息通信基础设施安全防护体系；加强信息通信基础设施保护，切实保障信息通信基础设施安全。

三是产业协调高效。加强通信网络各环节的协同，加强产业链各企业之间统筹协调；加强政府主管部门间的协同，协调各方力量优化网络建设环境。

（三）加强政策倾斜引导，合理提升发展效率效益

一是运行高效。深化基础设施共建共享，提高网络利用效率和投资效益；促进企业加快运营改革，降低运行成本，提升运行效率。

二是均衡共享。逐渐缩减城乡网络发展差距，推进偏远地区网络覆盖，支撑脱贫攻坚；完善电信普遍服务补偿机制，从支持建设和运维，转向建设与应用并重，支持业务应用的普及和推广。

三是绿色节能。加强绿色节能技术的应用推广，推进基础设施绿色节能改造；以技术创新促进资源节约式发展，推广应用助力节能的新一代信息网络技术；优化网络结构和数据中心布局，推广能源高效利用和新能源技术。

四是治理体系改革创新。创新市场监管机制，完善现代企业制度，进一步研究新形势下移动转售、宽带接入网开放及对外开放政策，持续深化通信建设领域“放管服”改革，做好顶层设计明确信息通信业发展方向。

四、信息通信业高质量发展的政策建议

（一）营造良好的政策环境，做好顶层设计

明确信息通信基础设施定位。将信息通信基础设施纳入国民经济和社会发展规划、土地利用总体规划、城乡总体规划等统筹考虑范围；信息通信基础设施规划设计纳入相关工程建设行业的强制标准，纳入工程建设项目审批环节；推动各级地方政府切实落实，保障信息通信基础设施的建设。

信息通信业发展重心转向“提质提效”。当前，5G 发展处于导入期。建

议“十四五”期间电信业发展战略重点转向“提质提效”。提质：推动运营商积极开展网络转型，加快部署双千兆网络，加快新型应用基础设施建设；同时推进网络智能化升级，为社会生产生活提供高质量的差异化服务；推进通信服务质量提升，增强人民群众获得感。提效：完善公平市场环境，引导运营商理性有序竞争；深化共建共享机制，促进行业协调均衡发展。

（二）营造良好的创新环境，提升企业创新动力和活力

降低企业创新成本，增强企业投入创新的能力和动力。综合考虑政策影响和行业发展规律，科学调整电信运营商的经营业绩考核体系。

分类、分层次制定和落实人才激励政策，调动人才创新潜能。对标国内外相关行业企业薪酬水平，对工资总额进行合理调控；对央企负责人进行经营业绩考核，增加创新考核比重；对创新技术人才、创新业务实行市场化薪酬制度和专项奖励，给予人工成本单列政策。

（三）营造良好的产业环境，打造融合创新产业生态体系

推进 5G 和传统产业的深度融合。加强部门间政策协调，加强行业平台标准建设，统筹推进“5G+工业互联网”融合标准体系建设。加快传统基础设施数字化、智能化升级中相关共性标准、关键技术的制定和推广。

促进 ICT 产业内深度合作。鼓励电信运营商与互联网、软件、电子信息制造企业的深度合作，打造面向工业互联网的产业生态共同体，提供综合性的解决方案。

鼓励电信运营商之间紧密合作。深化共建共享，推进异网漫游，探索多元化方法解决农村及偏远地区的网络建设和维护问题。

（撰稿人：中国信息通信研究院　张悦）

专题二　人工智能产业应用遇到的问题及关键技术发展态势研究

人工智能是一项有望在诸多领域引发颠覆性变革的前沿技术。当今的人工智能技术以机器学习，特别是深度学习为核心，在视觉、语音、自然语言处理等领域迅速发展，并已经开始赋能于各个行业。世界各国高度重视人工智能发展，美国白宫接连发布数个人工智能政府报告，是第一个将人工智能发展上升到国家战略层面的国家。英国、日本、欧盟等国家和地区也纷纷发布人工智能相关战略、行动计划，着力构筑人工智能先发优势。我国高度重视人工智能产业的发展，习近平总书记在党的十九大报告中指出，要“推动互联网、大数据、人工智能和实体经济深度融合”。2016 年以来，《“互联网+人工智能”三年行动实施方案》《新一代人工智能发展规划》《促进新一代人工智能产业发展三年行动计划（2018—2020 年）》等多个国家层面的政策相继出台，并取得了积极的效果，已逐渐形成了涵盖计算芯片、开源平台、基础应用、行业应用及产品等环节的较为完善的人工智能产业链。

一、现状趋势研判

目前，人工智能算法发展可分为 4 个阶段。第一阶段是不同流派的交错发展，已经成为历史。第二阶段是以深度学习为代表的连接主义在感知领域占据了主导地位。2019 年，人工智能算法出现重要转折，由于深度学习自身不足已经凸显，各个学派基于已有基础，开始纷纷提出改进算法，呈现了进入第三阶段的重要态势：机器学习技术重新回到了研究视野，深度学习一家独大的算法收敛态势又开始发散起来。同时产学研各界对于AI在认知领域也开始了探索，因此也同步呈现出进入第四阶段的重要态势，各个学派开始探索基于深度学习及机器学习算法，与包括神经科学等在内的其他学派进行融合演进，多学科交叉的算法在2020年开始了深入的探索。总体来看，算法发展由第一阶段的散，到第二阶段的收，又开始了在第三阶段和第四阶段散的发展态势。

算力聚焦专用计算，定制多元。在单一架构、通用芯片无法满足算力需求的背景下，产学研各界已开始聚焦专用计算的实现，算力发展呈现出了定制化、多元化的态势。2018年年末到2019年年初成了明显的分界点，算力需求增速远远超过了算力供给能力，由于预训练模型的广泛使用，模型所需算力直接呈现跳跃式态势。经过近两年的研究及应用实践沉淀，面向机器学习的计算呈现三方面特点：一是低精度计算能够有效满足机器学习计算需求，一般推断应用场景8比特精度即可满足95%以上需求；二是机器学习计算只需要一个很小的操作指令集，只需要高性能运行矩阵乘法、向量计算、卷积核等线性代数计算即可；三是分布式特性，大深多模型已经无法在单片芯片完成计算，多芯片多场景的异构计算需求使得机器学习计算必须考虑分布式的计算通信以及计算任务的协同调度，实现密集且高效的数据传输交互。正是由于这3个特性，专门针对机器学习需求的定制化计算得以出现，有效弥补了算力不足的处境。2019年，国内外厂商针对不同场景应用发布了近30款AI芯片，主要面向IoT、移动终端、智能语音及自动驾驶四大领域，同时针对更为困难的训练芯片我国企业也开始了积极尝试，推出系列产品，AI全面进入算力定制化的时代。

应用继续深化普及，不断泛化。随着应用融合程度加深，人工智能行业属性愈发凸显，呈现出一个不断泛化的态势。人工智能是一个技术合集，其不同技术发展所处阶段不同。通过对计算机视觉、智能语音、自然语言处理及知识工程产业一线专家进行实际调研和对各领域顶级会议进行梳理，我们看到已经逼近性能极限的技术目前只有少数几个，计算机视觉领域是人脸识别、智能语音领域为语音合成和语音识别、自然语言处理领域为机器翻译和对话系统、知识工程领域为知识图谱。当前仅仅是这几项成熟技术赋能应用就已经展现了广阔前景，随着技术发展和科学研究阶段技术的不断成熟，商品化技术将持续增多，未来商品化技术混合赋能将拥有巨大的潜能。

系统构建定制专用，协同一体。在算法、算力和应用都在发散泛化的大背景下，人工智能系统正在向着专用化态势迈进，将以多个系统协同一体的方式进行赋能。当前阶段，AI 主要赋能方式为通用平台，以聚合提供 AI 基础技术能力的方式进行赋能，面向端侧的一些成熟应用场景也出现了软硬一体的应用系统，如基于计算机视觉的自动驾驶平台、智慧安防摄像头，基于智能语音语义的智能音箱、终端翻译机等。然而通用平台无法实现广泛赋能，端侧应用功能单一且能力固化。因此在通用领域，通用平台将进一步分化为提供 AI 基础能力的基础平台和融合行业基础应用的行业平台。在专用领域，面向泛化的应用将呈现专用系统形态，专用系统不仅是端侧应用的软硬件固化，还是通用平台、行业平台和端侧应用的协同组合，以软硬一体的方式实现应用的功能定制和扩展。这种工程发展态势将对产业生态产生巨大影响。现在我们谈及的人工智能芯片和框架均属于通用平台和端侧应用范畴，其生态主体是提供 AI 技术的科技企业，而到了专用系统阶段，系统协同将成为主流，融合通用能力、行业能力、业务逻辑的专用系统将由垂直行业来牵头打造，人工智能的生态主体也将逐渐变成 AI 技术的使用者，即各个垂直行业的传统企业。

发展增速不及预期，进程放缓。当前，由于专用系统构建能力远落后于实际泛化应用需求，AI 发展增速明显低于预期，而随着应用泛化程度不断加深，AI 赋能进程会由于专用系统建设滞后而呈现进一步放缓态势。Gartner 数据显示，2019 年全球企业 AI 渗透率仅为 19%，距离 37%的预期目标相差甚远。面向制造、安防、金融等垂直领域的系统建设能力滞后于需求步伐，仅靠以互联网企业为代表的科技企业提供的技术能力难以满足垂直行业需求，行业自身信息化系统建设能力明显滞后。由于企业估值和 AI 渗透率密切相关，AI 渗透率不及预期，也从侧面反映出企业增长速度未达预期，低估值企业无法消化过高的融资，资本推力也只能被迫放缓。而实际上随着融合程度加深，专用系统建设恰恰需要更多的资本投入，而现在放缓的投融资规模实际上对于产业发展是非常不利的。资本注入快于企业表现，导致过高预期落空。

二、关键问题分析

一是技术应用生态构建不足。人工智能生态体系由基础原创理论、知识工具和行业应用三部分构成。我国基础原创理论贡献度不足，直接拖后了在技术赛道上的起跑位置；知识工具主要是实现把知识抽取并固化至软硬件的工具集合，当前主体为芯片和软件框架，尽管我国端侧芯片发展百花齐放，但软件框架及训练芯片仍有待发展；行业应用发展不及预期，主要是受到了跨域数据流通不完善及跨领域人才短缺的影响。我国在整个人工智能生态体系中，行业应用领域优势相对突出，而基础理论和知识工具有待进一步加强。

二是应用安全风险态势严峻。人工智能如同双刃剑，在迅速赋能的同时也出现了 3 个方面的安全问题：应用安全、技术安全和安全管理。第一是人工智能新应用涌现，极大地增加了相关监管难度。随着信息传播途径和形式的增加，

AI 也成为犯罪分子传播不良信息的新技术手段，使得对不良信息的封堵变得更加困难；第二是 AI 技术本身存在缺陷，能够引发诸多安全风险。从算法原理、设计编码、生产实现到应用部署等多个阶段中，算法本身公平性缺失、编码漏洞、数据样本偏差等因素，导致实际应用中人工智能算法决策出现错误、偏差或带来歧视性等问题；第三是安全管理措施相对滞后。当前，针对爆发式的人工智能产品和应用，不少研究机构在技术层面上发现了多个安全漏洞，但由于技术融合复杂、使用环境多样、应用领域广泛等诸多因素，至今仍缺乏相应的管理措施来保障技术安全及评估系统，不能满足目前人工智能发展所面临的安全管理需求。

三是伦理政策指引难以落地。全球有关伦理治理问题的考虑多数还停留在倡议和研究阶段，并未落实到实际的规范制度和可靠的技术监督，无法有效规制人工智能技术的发展和应用。具体存在三方面问题：一是政府牵头制定的伦理治理要求相对宽泛难以落地，属于非强制性要求；二是国际组织在研的标准尚未在关键问题上达成共识，人工智能如何被有效评估仍在争论；三是企业内部伦理监管难以推行且技术路径仍在探索，谷歌已解散了仅成立十天的 AI 伦理委员会，当前普遍现象是开发人员缺乏对伦理进行准确判断的专业知识，难以将伦理要求与技术手段相结合。

四是数据制约行业融合进程。现阶段人工智能应用研发高度依赖标注数据，而作为根基的标注数据仍存在五大问题：一是数据质量不佳，由于数据噪声、数据同源及跨领域专家标注所带来的标注数据质量下降等对于 AI 应用有直接影响；二是数据孤岛严重，相关数据源之间无法有效打通，行业数据尚未共享开放，导致融合类应用无法有效训练部署；三是隐私保护缺失，由于技术及管理缺陷、数据泄露、侵权等问题时有发生；四是行业数据不足，集中在感知领域的图像及语音数据当前尚能满足基础应用需求，但未来随着行业融合程度不断加深，行业自身数据不足将直接制约 AI 融合进度；五是数据合规极大地增加了企业数据成本，2020 年全球各国相继出台各类数据合规法案，以《通用数据保护条例》为例直接为全球 500 强企业带来了合计 70 亿元的合规成本。

五是同质竞争带来行业洗牌。AI 投融资如火如荼，企业疯狂扩张，人工智能相关的创业项目的定位出现了扎堆现象。仅 2017 年，人脸识别领域就获得超过 230 亿元的投资。科技巨头开源人工智能算法，创业公司技术壁垒大幅降低。技术和资金门槛的降低催生了大量创业公司。然而这些公司多数缺失核心竞争力，算法上，创业公司基于开源框架构建，与竞争对手相比很难取得优势，算力上，创业公司普遍依赖英伟达、英特尔等芯片巨头，在最可能产生差异的数据层面，创业公司更是缺乏有效数据，数据规模难以支撑大数据分析的要求。当前创业公司趋于同质，创新能力严重不足。从资本角度分析，投资界对人工智能产业的投资重心由之前的种子轮、天使轮开始向 A 轮、B 轮转移，单笔投资越来越大、市场总体投资数量越来越小，创业公司获得投资机会难度逐渐增大。资本市场正在趋于理智，对发展前景不好的创业公司投资力度大幅下降，人工智能创业公司已经开始从资本层面做“筛选”，淘汰洗牌已经开始。

三、相关意见建议

（一）抓住机遇，强化产业生态构建

抓住产业从通用平台生态向专用系统协同生态转变的重要机遇，取长补短，强化产业生态构建能力。生态转型使得原本强势的科技企业从中心退到了

场边，而传统行业作为技术需求方，其生态核心地位则愈发凸显。我国在需求侧具有明显优势，具体体现在4个方面：一是有应用，我国AI应用场景丰富，行业需求旺盛，传统行业利用AI实现转型的动力强劲；二是有技术，我国AI应用优秀案例不断涌现，基于应用的基础技术也在快速跟进，相关企业算法及工程能力迭代速度非常迅速；三是有资源，我国产业发展相关资源配置相对集中，能够迅速聚拢数据、人才和技术，形成合力攻关；四是有基础，我国面向应用领域的专用集成电路芯片竞争力日益增强，其他软硬件及系统融合技术也在不断增强。因此，建议我国政产学研各界抓住关键的转型窗口期，做好关键技术攻关，打好技术产业基础，同时要大力发挥应用带动效应，以产业协同联动的方式培育行业应用，以应用聚市场，以市场聚资源，以资源建生态，实现变道超车。

（二）建立体系，加强技术产品监管

智能系统在使用过程中会不断进行自行学习和探索,很多潜在风险难以在研发阶段或认证环节完全排除，因此加强监管对于应对隐私保护缺失等问题至关重要，政府应建立安全监管机制、推进重点方向安全立法，加强技术创新，补齐产业短板。要强化监督惩戒，全流程进行监管，完善相关法律法规，明确责任主体，同时加大技术和人才引进力度，立足自主创新突破。

（三）聚焦数据，构建数据合规标准体系

构建数据合规标准体系，有助于规范数据集产业的发展，并从根本上推进人工智能产业的良性发展。数据集的构建并不单单是数据本身的问题，而是在各个环节融合了人工参与、软硬件使用等多方问题，需要遵循系统性的操作。

应从数据集构建的四大业务环节为切入，以标准化手段推进数据采集合规、数据处理合规、数据调用合规和数据更新合规，组成合规闭环流程，建立合规标准体系。

（四）促进融合，完善政策产业环境

从夯实融合基础、探索融合路径、营造融合环境 3 个维度入手，构建人工智能与实体经济融合发展的政策体系。夯实融合基础应聚焦突破技术瓶颈、开放数据共享以及市场运营机制；探索融合路径应积极尝试创新应用先导区建设，打造融合创新示范项目，建立健全标准体系；培育融合环境需要进一步减小数字鸿沟，普及公共资源服务，加强行业组织合作，将 AI 安全纳入国家法制体系建设当中。

（五）研提指标，量化评估发展水平

当前已有相关机构开展了量化评价各国 AI 发展及融合水平的指数体系研究，其中最具代表性的以斯坦福大学的 AI INDEX 和互联网数据中心的相关报告为代表，《年度人工智能发展报告》中进行了量化评价，为了避免类似于 ITU 宽带发展指数事件的再次发生，建议开展综合评价 AI 渗透情况的指标体系研究，研究衡量 AI 应用成熟度的量化评估模型，并积极对外输出，避免相关不利事件的再次发生。

（撰稿人：中国信息通信研究院　王蕴韬）

专题三　移动物联网支撑新基建的若干思考

2019 年我国物联网定位发生重大改变，物联网从战略性新兴产业下沉为新型基础设施，物联网对其他行业的支撑作用进一步提升。在物联网基础设施中，移动物联网（NB-IoT）发展迅猛，产业规模不断提升，规模应用不断涌现，对于支撑我国新基建建设、推进网络强国和制造强国建设发挥了积极作用。

一、全球移动物联网的发展态势

全球移动物联网的网络部署保持高速增长。截至 2020 年 1 月，全球商用的移动物联网从 2018 年年底的 66 张增至 127 张，其中 NB-IoT 商用网络 92 张（2018 年年底 53 张）、eMTC （LTE-M）商用网络 35 张（2018 年年底 13 张），移动物联网部署主要集中在经济相对发达的国家和地区。另外，也有不少地区的运营商选择基于非授权频谱的技术部署物联网网络。

移动物联网技术创新发展构建天地一体化网络基础设施。NB-IoT 部署形式也在不断扩大，一是基于卫星的 NB-IoT，即通过卫星提供全球无处不在的 NB-IoT 网络，旨在为移动性设备提供服务，主要应用于农业、交通、航海、应急等领域。二是私有 NB-IoT 网络，目前在电力等少数行业中应用。通过扩大移动物联网连接方式，旨在实现“连接未连接的物”，尽量使物联网通信技术覆盖所有场景。

移动物联网生态建设势不可挡。运营商、系统、软件、芯片、模组、云服务、应用厂商均发力生态建设。全球主流运营商、设备商、卡商等企业对 eSIM

技术的研究探索和应用不断深入，推出“Global SIM”等一系列商用产品。海思、高通、联发科、移芯等在内的芯片企业角逐 NB-IoT SoC 芯片市场，上百个型号的 NB-IoT 模组发布，运营商大规模补贴下 NB-IoT 模组价格已经逼近 2G 模组价格，消费类行业如白色家电厂家也开始采用 NB-IoT 芯片进行产品开发。移动物联网解决方案在十几个行业落地应用，并为各行各业带来巨大商机。

二、我国移动物联网的发展现状

NB-IoT 发展得到大力支持，不断推出利好政策。工业和信息化部印发《关于全面推进移动物联网（NB-IoT）建设发展的通知》《关于 NB-IoT 系统频率使用要求的公告》，向三大基础电信企业颁发了物联网专用号段，支持 NB-IoT 打造完整产业体系与生态系统。国务院《关于进一步扩大和升级信息消费持续释放内需潜力的指导意见》亦明确指出要加快推进物联网基础设施部署（NB-IoT/eMTC），并把此项工作列为重点任务。

国内 NB-IoT 基站建设规模化，连接数迅速增长。在过去的几年中，我国三大运营商完成超百万NB-IoT基站商用，中国已建成全球最大的NB-IoT网络。根据工业和信息化部发布的 2019 年通信业统计公报显示，国内蜂窝物联网连接数高速发展，从 2015 年年底的 1 亿到 2019 年年底超过 10 亿。短短 4 年，国内蜂窝物联网连接数新增超过 9 亿。截至 2020 年 2 月底，三家基础电信企业发展蜂窝物联网终端用户达 10.4 亿户，比 2019 年年末净增 1554 万户。

各环节协同推进，移动物联网产业链更加完善。芯片、模组、终端、运营商、云平台等环节组成较为成熟的 NB-IoT 产业链。我国已有 15 家以上的芯片厂商，主流芯片厂商多为国内厂商。国内模组企业数量增长更快，NB-IoT 通信模组厂商数量已突破 20 家，模组价格接近规模商用边界。NB-IoT 终端产品涵盖水、电、燃气等行业的智能表计、智能门锁、定位终端等，未来随着 NB-IoT 网络升级和覆盖水平提高，NB-IoT 终端产品将不断向零散用户端市场扩展，满足更广泛更多样的用户需求。国内三家运营商重视 NB-IoT 网络建设投入，推出不同的业务资费套餐；各产业环节积极布局或渗透云平台建设，实现自有业务闭环。各产业环节开始加强合作，移动物联网（NB-IoT）产业联盟已进入良性运作。

规模应用不断出现，市场教育充分。过去几年国内率先进行试点的一些行业已经迎来了规模化的落地，包括水表、燃气表、消防烟感、电动自行车防盗 4 个行业已实现超过千万级 NB-IoT 连接。智能井盖、智能门锁、追踪定位、智慧路灯等约 10 个行业已实现超过百万级 NB-IoT 连接。在千万级和百万级连接规模化驱动下，NB-IoT 市场教育已非常充分，其技术演进及商业探索不断得到验证。

三、我国移动物联网在发展中遇到的问题

未来几年，移动物联网仍拥有较大市场，随着 2G 减频退网和 5G 网络商用的加速，占据 70%份额的低频、低数据速率和低功耗的物联网应用场景将主要由 NB-IoT 承接。根据国际研究机构 Counterpoint 数据显示，未来几年，蜂窝物联网的连接数会逐渐从 2G+4G 为主向 NB-IoT+4G 为主。

经过近 3～4 年的发展，我国移动物联网基础建设已具备一定规模，部分技术问题得到修正，各环节厂商数量不断增长，规模化应用案例陆续出现。然而，移动物联网要成为新基建的重要组成部分，必须具备成熟的垂直行业业务支撑能力，我国移动物联网发展仍面临诸多问题。

（一）网络覆盖问题

相对 2G/3G/4G 网络，NB-IoT 网络覆盖面和覆盖质量还是非常有限的，目前仅形成全国范围的薄覆盖，对深覆盖要求较高的场景支持不足，影响应用场景的拓展。而对移动物联网的主要建设运营者来说，物联网连接和收入增速剪刀差扩大化，ARPU 值不断下滑，物联网的网络收入在短期内很难成为运营商新的增长动力，运营商网络优化的积极性下降，对 NB-IoT 网络覆盖的增强形成不利局面。

（二）应用拓展问题

目前 NB-IoT 规模化应用仍集中于公用事业等领域，急需拓展市场化、规模化应用领域，探索可持续发展的商业模式。当前，5G 建设加速，但初期仍以支持物联网高价值应用场景为主，为 NB-IoT 应用拓展提供了宝贵的窗口期，但 NB-IoT 行业落地的主要推动者在政企用户市场经营和方案落地推广上的表现尚不尽人意，形式主义严重。

（三）产业发展问题

供需对接不足，当前 NB-IoT 产业发展仍以供给方为主，未建立良好的行业需求对接。此外，产业协同能力不足，NB-IoT 的落地实施，需要形成从“底层芯片+模组+终端+电信运营商+海量应用”的全产业链生态系统的合作，但当前产业链各方尚未形成共识，协作完成成本低、质量高、可靠性高，切实满足最终用户需求的产品存在一定困难。

四、发展建议

基于以上分析，建议我国移动物联网发展重点关注以下事宜。一是进一步优化推动 NB-IoT 的网络覆盖，特别是推进网络的深度覆盖，提升 NB-IoT 的使用质量，有效支撑全社会各个产业链的发展。**二是坚持应用牵引，加大应用和开发推广力度**。加强规模化 NB-IoT 应用的推广力度，推动 NB-IoT 窄带物联网向更多领域发展，形成规模效应，促进成本降低，推动 NB-IoT 应用的繁荣发展。**三是加强 NB-IoT 产业协同合作**，鼓励电信运营企业和产业链的相关企业通过建立各种合作、联盟，在芯片、模组、终端、网络、应用各个环节共同发力，形成具有多家厂家、多企业的规模供货能力，满足市场的要求，推动 NB-IoT 广泛应用。**四是加强融合创新**，加大对双创企业的服务能力和支持力度，加快完成国内 NB-IoT 设备、模组等标准制定，加快 eSIM 在 NB-IoT 中的应用研究，解决碎片化的问题。**五是重视信息安全风险**，鼓励移动物联网生态系统中的所有参与者从网络设备、终端数据采集模块、数据传输和系统方案中找出解决信息不安全的方法，并建立 NB-IoT 信息安全体系，规范物联网码号资源的使用，严格管理码号资源的使用范围及用途，严禁和用于人—人通信的公众移动通信号码串用，确保 NB-loT 安全、规范发展。

（撰稿人：中国信息通信研究院　关欣）

专题四　信息通信业助力“乡村振兴”战略关键问题研究

党中央、国务院先后印发《关于实施乡村振兴战略的意见》《乡村振兴战略规划（2018—2022 年）》和《数字乡村发展战略纲要》，对“三农”工作做出重大决策部署。当前，我国信息通信业在推动数字化减贫助贫基础领域已取得重大成效，但为乡村振兴深度赋能还面临诸多困难。如何适应乡村发展，满足乡村振兴多样化需求，成为业界亟须关注的问题。

一、信息通信业助力乡村振兴的内涵剖析

2020 年中央一号文件《中共中央 国务院关于抓好“三农”领域重点工作确保如期实现全面小康的意见》指出脱贫攻坚任务完成后，我国扶贫工作方式将由集中作战调整为常态推进。目前，我国乡村发展的基础依然薄弱，农村面临着基础设施建设滞后、基础公共服务资源匮乏等典型问题；农业面临生产效率和自动化程度双低的局面；农民面临收入水平低、知识和技能匮乏等突出问题。这些问题已成为制约数字红利释放、缩小贫富差距的重要因素。

根据当前实践，**从解决“三农”问题方案看**，农村方面，智能化转型可提高农村基础设施的使用率和服务水平，是解决农村基础设施建设滞后的有效手段。网络应用可打破资源的边际效应，是缓解农村基本公共服务资源不均衡的新途径；农业方面，“智慧农业”成为解决生产效率和自动化程度双低的新模

式；农民方面，手机 App、“互联网+”应用成为农民创业增收，解决收入水平低的有效途径。**从参与主体角度看，**“三农”问题的解决需要 ICT 产业和农业、农村二、三产业、医疗、教育、旅游、政务、金融、文化等传统产业通力合作。相对于传统产业，信息通信业的优势在于拥有网络设施资源和 ICT 技术的引领能力。

由上可知，信息通信业助力乡村振兴的本质是解决“三农”问题，具体表现为 ICT+X+“三农”的特点，即 ICT 产业为农业、农村二、三产业、医疗、教育、旅游、政务、金融、文化等传统产业赋能，结合“三农”具体特点难点，实现“三农”问题的解决。信息通信业助力乡村振兴战略的定位为 ICT 基础设施的提供者和网络应用、ICT 技术要素的推动者。目标是通过 ICT 基础设施高质量供给，以及推动网络高水平应用和 ICT 技术要素下沉，以解决“三农”问题。在这个过程中，信息通信业需做好提高网络供给能力、拓宽网络应用范围和水平，以及推动 ICT 技术要素持续下沉等工作，实现与 X+“三农”需求之间的有效匹配。

二、信息通信业助力乡村振兴已取得显著成果

（一）网络建设实现跨越式发展，为缩小城乡数字鸿沟和精准脱贫提供了支撑

自 2015 年以来，工业和信息化部联合财政部已开展了五批电信普遍服务试点，支持全国 13 万个行政村光纤网络建设和 3.7 万个 4G 基站建设。根据 2019 年 10 月 14 日工业和信息化部“网络赋能 信息助力 决战决胜脱贫攻坚战”网络扶贫论坛的数据，我国行政村通光纤和通 4G 比例均超过 98%，试点地区

平均下载速率超过 70Mbit/s，基本实现了农村城市“同网同速”，为缩小城乡数字鸿沟和精准脱贫提供了支撑。

（二）推动 ICT 技术要素下沉，提高了传统产业解决“三农”问题的能力

信息通信业已开始尝试利用 ICT 技术为传统产业赋能，在帮助其解决“三农”问题方面取得了明显成效。如在传统行业数字化转型方面，华为、阿里等利用工业互联网和云计算等技术，协助多家企业上云，提高了其工作效率；在农业生产方面，基础电信运营商为农业公司提供物联网解决方案，并在多地试点进行建设，提高了农业的生产效率；在乡村基础设施智能化改造方面，华为、中兴等依托 ICT 系统集成能力，协助传统行业提高了乡村存量基础设施的使用率和服务能力。

（三）网络应用范围得到逐步扩展，解决了多个“三农”难题

信息通信业已推动乡村网络应用范围，带动了多个“三农”问题的解决。如工业和信息化部联合国家卫生健康委员会开展“互联网+健康扶贫”应用试点，首批支持了 4 个市县试点，有效解决了试点地区乡村医疗资源总量不足和分布不均衡的难题。联合教育部开展学校联网攻坚行动，大力推进未联网中小学宽带网络覆盖，助力教育资源均等化。目前，全国中小学校联网率超过 96%，为扶智、扶志奠定了坚实的基础。又组织基础电信企业、互联网企业推动农村网络应用，充分利用基础电信企业农村营业点，加快信息进村服务，助力党建教育和乡村政务等信息化。又鼓励农村电商和快手、抖音等互联网公司渠道下沉，为农民创业增收提供了多样化手段。

三、继续深度服务乡村振兴战略面临诸多难题

（一）继续加强网络建设面临攻坚难度大和市场失灵的长期难题

网络需从两方面继续加强建设。一是继续啃“硬骨头”，在现有普遍服务的基础上，进一步实现经济基础更加薄弱、地理环境更为恶劣等地区的网络通达和“最后一公里”接入。二是补齐支撑乡村产业数字化转型的服务能力。乡村产业数字化转型和农村一二三产业融合，已成为必然趋势，需推进网络从乡村生活区域向产业区域扩展，进一步提高产业作业区的网络覆盖范围和覆盖水平，以满足工业互联网需求。

乡村网络基础设施继续推进建设面临两大长期存在的问题。**一是**普遍服务建设的攻坚难度越来越大，需地方政府大力支持和交通、电力等部门积极配合。此外，“硬骨头”地区消费能力差，企业需很长时间收回成本，甚至无法收回成本。**二是**乡村产业发展对网络的有效需求尚处于市场培育阶段，升级优化产业作业区网络初期面临落地困难的困境，短期内难以形成良性循环。

（二）推动 ICT 技术为 X+“三农”赋能面临内外双重制约

ICT 技术为传统产业赋能尚未切入到其核心痛点。一是 ICT 技术要素下沉以“解决方案”为逻辑主导，不具有普适性；二是“解决方案”存在布局相对零散、针对性较弱的短板，ICT 供给和需求之间存在错位。

推动 ICT 技术为 X+“三农”赋能目前仍面临着内外双重因素的制约。**从 ICT 产业角度看**，ICT 技术要素为传统产业赋能的前景广阔，但发展初期落地

困难，难以推广应用，信息通信业大多基于自身核心技术进行二次研发，在跨行业技术攻关投入方面持谨慎态度。**从 X+“三农”角度看**，一方面，ICT 技术赋能作用可改变传统产业既有的利益格局，存在拒绝 ICT 产业介入的情况。另一方面，传统行业对 ICT 技术的需求复杂多样， ICT 产业需要调配多种资源，但在实施过程中存在困难。

（三）推动网络应用解决“三农”问题面临乡村自身因素的影响

当前，乡村地区仍然以社交聊天、视频和 IPTV 等少数基础性网络应用为主，“智慧农业”“互联网+医疗”“互联网+教育”“互联网+旅游”等发展型应用普及水平相对滞后。

受限于乡村信息素养和经济水平均偏低等的制约，网络应用的赋能作用尚未充分释放。一方面，截至 2019 年 6 月，农村地区非网民规模为 5.41 亿，其普遍缺乏 ICT 技术的使用能力，对应用前景的认知也不足，信息素养偏低已成为制约 ICT 产业助力乡村振兴的重要因素。另一方面，2019 年我国农村恩格尔系数为 30.0%，高于全国平均水平（28.2%）和城镇水平（27.6%）。经济因素导致乡村居民对价格极为敏感，直接遏制了对信息通信业的有效需求。

四、策略建议

一是营造良好的政策环境，做好网络向“硬骨头”以及产业作业区纵向延伸的规划，继续提高网络供给能力。建议统筹横纵向协调力度，支持基础电信企业优化升级乡村地区网络，提高“硬骨头”和产业区域覆盖范围和水平；支持乡村地区利用 5G、工业互联网、人工智能、物联网等新型基础设施开展产业数字化转型；支持新型基础设施不断地拓宽和开拓新的应用场景，破解乡村网络建设市场失灵的困窘。

二是营造良好的产业内外合作环境，打造良性循环产业生态体系，实现ICT 与 X+“三农”的共同发展。鼓励 ICT 产业加强内部合作，打造面向农业、农村二三产业、医疗、教育、旅游、政务、金融、文化等传统产业的生态共同体，推动降低研发涉农专业 ICT 技术失败的风险，提高赋能传统产业过程中调配资源的便利性；支持 ICT 产业与传统产业开展合作，切实解决传统产业的核心痛点，实现 ICT 与 X+“三农”的共同发展。

三是提高 ICT 产品和服务供给能力和范围，培育网络应用新模式，为ICT+X+“三农”的落地实施提供便利。鼓励各地结合乡村居民的消费偏好和经济收入水平，加快引进新型信息产业，培育网络应用新模式；鼓励研发推广充分考虑乡村不同区域实际需求、经济收入水平、文化知识水平、信息交互和行为能力等因素的 ICT 产品、应用、服务，降低成本，减小乡村对价格的敏感程度，满足层次化需求；鼓励对乡村居民开展远程和面授相结合的教育培训方式，提高乡村整体信息素养。

（撰稿人：中国信息通信研究院　王文跃　刘泰　王晨　鲍叙言）

专题五　边缘计算的关键问题研究

一、边缘计算的发展态势

全球已经掀起产业数字化转型的浪潮，在这一转型过程中，边缘计算作为物理世界与数字世界间的重要桥梁，在靠近物或数据源头的网络边缘侧，构建融合网络、计算、存储、应用核心能力的分布式开放体系，“就近”提供边缘智能服务，满足各类业务在敏捷连接、实时业务、数据优化、应用智能、安全与隐私保护等方面的关键需求。由于边缘计算更适用局部性、实时、短周期数据的处理与分析，能更好地支撑本地业务的实时智能化决策与执行。而传统云计算擅长全局性、非实时、长周期的大数据处理与分析，能够在长周期维护、业务决策支撑等领域发挥优势。边缘计算通过与云计算协同构建“边云协同”的新模式，可以更好地满足各种需求场景的匹配，实现物理资源的共享，提升资源利用率，从而最大化体现云计算与边缘计算的应用价值。

边云协同为边缘计算发展注入了新活力。首先，边云协同开拓了新的应用范畴，在家电、机械制造、汽车生产、船舶制造等工业领域形成一批基于边云协同架构的创新应用解决方案，带动边缘计算相关的市场规模也在加速增长，2019 年全球边缘计算市场规模约为 75 亿美元。其次，边云协同促成了新的业务变革，越来越多的企业和组织对边云协同的评价从解决具体业务问题上升至推动企业转型，尤其是在工业工厂数字化转型中更为明显。总体来说，边云协同为企业创造新的业务内容、新的商业模式，并推动数据驱动决策的实现。

二、边缘计算的关键技术发展现状

边云协同聚焦解决海量数据管理与处理、多源数据集成、各类设备接入、数据建模分析、资源规划分配、应用创新与集成等一系列问题，这对边缘计算技术创新提出了新的发展需求。边缘计算技术向着轻量化、动态化、应用解构成服务功能的方向变化和发展，多层次技术栈初步形成。一方面，涌现出一批基于IT技术创新的边缘智能、OPC UA over TSN、计算迁移等技术进一步提升边缘计算的数据管理和分析能力；另一方面，中心云技术、模型沉淀以及面向边缘侧特点的二次开发也为边缘计算带来了能力提升，如异构计算、微服务等技术。

边缘智能技术从延迟、内存占用量和能效等方面在边缘计算节点上进行智能推理加速和多节点智能训练算法的联动，完成轻量级、低延时、高效的人工智能计算框架，提高了边缘计算的承载能力。OPC UA Over TSN为传感器层、控制器层到自动化软件层提供了统一且标准的网络与通信体系，支持边缘侧跨厂商设备的联网接入及互联互通，有效提升了网络化协同与管理水平。计算迁移通过将计算密集型应用任务迁移至资源较充足的边缘设备上执行，实现了资源合理规划利用，提升了边缘计算计算效率。异构计算充分发挥边缘侧各类计算单元优势，构筑边缘计算在性能、成本、功耗、可移植性等方面的均衡。微服务通过实现软件功能和硬件的解耦与复用，极大地提升了边缘计算架构灵活性。

三、边缘计算的产业与应用发展趋势

目前，全球范围内边缘计算都处在发展初期，相关关键技术及基础设施都尚未形成规模，产业各方均在进行积极探索。从产业参与主体来说，云计算服务厂商依托技术先发优势，将云计算技术下沉到边缘侧，构成“由上而下”的边云协同模式，着重点在人工智能算法的边缘部署。ICT 设备厂商通过进一步挖掘边缘设备的算能力，构成“由下而上”的边云协同模式。电信运营商希望借助边缘计算的发展，让属地资源提供的业务从传统的“连接”拓展到“计算+存储”，将自身角色从传统的管道连接商转型为产业整合商和业务提供商。CDN 服务商围绕自身业务升级需求，通过加快技术供给侧改革，利用边缘计算在新变革中占据重要地位，并借助边云协同实现能力拓展。从应用场景来说，工业互联网、车联网、智能安防、云游戏等已经成为边缘计算的典型应用场景，产业各方积极投入边缘计算典型应用试点部署。中国电信面向大型商场、校园、博物馆等高密度、高流量高价值客户，利用边缘计算提供缓存、推送、定位服务。中国移动、中国联通均发布边缘计算部署战略，在全国多个城市开展区域应用试点。美国 AT&T 在加利福尼亚州部署边缘计算测试区，测试增强移动沉浸式媒体体验的方法、无人驾驶等方面 5G 应用。Verizon 推出智能边缘网络平台，并积极进行 5G 与边缘计算结合的试验，同时在其休斯敦 5G 测试中心完成云游戏、智能安防等边缘计算典型应用测试。此外，通过两化深度融合、智能制造、工业互联网创新发展工程等专项行动的持续推动，工业互联网和边缘计算融合创新日益广泛，工业互联网产业联盟、边缘计算产业联盟相继成立，平台的产业汇聚和支撑作用显著发挥。同时，我国工业互联网边缘计算的实践应用日益丰富，三一重工、尚品宅配、格力、海尔、商飞等一批工业企业已开始利用边缘计算改变传统的制造方式，企业、行业、区域综合集成应用典型不断涌现。

四、存在的挑战及发展建议

美国、欧洲、日本等发达国家、国际联盟组织和跨国巨头都将边缘计算作为数字化转型发展过程中的关键环节和基础，进行统筹部署和协同推进，国际竞争日趋激烈。目前，我国边缘计算在技术研究、硬件产品、标准制定等方面均取得了初步进展，但在边缘计算实际应用部署过程中仍然存在问题和挑战。

（一）存在的挑战

1. 边缘计算基础设施覆盖率较低，关键设备供给能力不足

目前，工业互联网、车联网等边缘计算主要应用场景中设备数字化和联网率较低、网络化水平有待提升，具有存储能力和计算能力的边缘计算设备数量较少。我国边缘计算在核心芯片、关键器件及高端服务软件等方面发展仍有不足，对底层基础性核心技术和产品整合集成研发重视不够。

2. 边缘计算技术标准体系及设备测试验证规范亟需完善

现有支持边缘计算的设备不仅存在巨大的硬件性能上的差异性，而且结构上也是异构混杂的；设备接口、数据的标准不一致，相互之间无法互认，缺少统一的规范及技术标准，无法满足边缘计算技术对网络通信的基本需求。同时，缺乏对边缘计算设备的评测标准及测试规范，导致跨厂商设备的互联互通和互操作将成为很大的挑战。

3. 边缘计算相关产业呈现碎片化发展，生态体系尚未形成

目前，各个垂直行业独自探索边缘计算应用部署模式，缺少通用的边缘计算顶层架构设计，产业链上下游联系不够紧密。

（二）发展建议

1. 持续提升边缘计算关键技术及核心设备的供给水平

统筹利用各种专项资源，加快突破以轻量级操作系统、边缘智能以及计算迁移为代表的边缘计算关键技术，着力开发具有自主知识产权的边缘侧专用芯片、边缘控制器、边缘网关、边缘服务器等智能化设备，加速推动边缘计算与时间敏感网络、5G 等网络技术融合创新，构建“网络+计算”的新型 ICT 基础设施。

2. 加速边缘计算技术标准与测试验证规范体系从建立走向健全，拓展国际影响力

借助中国通信标准化协会、产业联盟等平台，集聚业界主流产学研单位资源，加强边缘计算参考架构、核心设备、关键技术、测试规范等关键标准研制，积极参与国际组织各领域研究及标准化工作，不断推动我国边缘计算领域国际合作。

3. 以应用需求为导向，积极构建产业生态体系

支持各类联盟组织通过开发者大会、学术研讨会、发布白皮书等方式培育产业发展环境，帮助 IT 企业了解行业边缘计算应用需求。鼓励跨界企业强强联合、优势互补，推动边缘计算产业链资源整合与优化配置。同时，打造一批边缘计算试点示范项目，带动中小企业开展基础设施升级改造，提升整体发展水平。

（撰稿人：中国信息通信研究院　王哲　时晓光）

专题六　5G 商用发展关键问题研究

当前，世界正在进入以信息产业为主导的新经济发展时期，信息通信技术的跨越式发展引领了全球新一轮科技革命和产业变革浪潮。第五代移动通信（5G）是新一代信息通信技术的主要发展方向，具有更大带宽、更高速率、更低时延、更大连接等特性，随着 5G 的快速发展和广泛应用，5G 将渗透到经济社会各领域，对推动数字经济和实体经济融合、支撑现代化经济体系建设、实现高质量发展具有重要意义。

一、全球 5G 发展现状

全球主要国家均将 5G 作为优先发展的战略性领域，通过政策引导和资金投入等手段，开展技术研发、网络部署、应用探索和生态构建，加快推动 5G 发展。

（一）全球主要国家 5G 战略规划

美国联邦通信委员会（Federal Communications Commission，FCC）自 2016 年起多次发布计划为 5G 规划频谱资源，出台基站建设的政策措施和新的业务监管政策，推动 5G 快速发展。此外，FCC 还设立 90 亿美元的 5G 基金，为运营商在美国农村地区部署 5G 网络提供资金支持。**韩国**科学和信息通信技术部于 2019 年 4 月发布《实现创新增长的 5G+战略》，提出“推进国家 5G 战略，以创建世界上最好的 5G 生态系统”，目标是到 2022 年，政府和私营部门共同投资超过 30 万亿韩元（约合人民币 1740 亿元）建立覆盖全国的 5G 网络。**欧盟**于 2016 年发布《5G 行动计划》，旨在推动 5G 网络投资，创新生态系统，从而提高欧洲的竞争力并为欧洲社会带来利益，目标是 2020 年各成员国至少选择一个城市提供 5G 服务，并确保所有城区和主要陆路交通路线在 2025 年之前实现连续覆盖的 5G 覆盖。**日本**于 2019 年 6 月发布《IT 新战略》，允许移动运营商在全国 20.8 万个交通信号灯上部署 5G 基站，以降低部署 5G 网络所需的成本和时间，计划最晚 2020 年年底在所有都道府县开通 5G 服务。

（二）全球 5G 商用部署启动

截至 2020 年 2 月底，全球已有 37 个国家和地区的 69 家运营商开始提供 5G 业务（含固定无线和移动服务），其中绝大多数运营商选择非独立组网模式，覆盖范围仅限于城市热点地区。美国当前基于毫米波部署 5G 网络，受限于频率传播特性，美国 5G 网络覆盖仅限城市部分热点区域；2020 年 2 月底韩国已建成 10.9 万个 5G 基站，网络覆盖主要城市的人口密集地区以及主要机场、场馆等人口密集建筑，截至 2020 年 1 月底 5G 用户数累计已接近 500 万；在欧洲，除瑞士、摩纳哥达到了 90%以上的人口覆盖，其他国家的 5G 网络覆盖都比较有限。韩国、新加坡、美国和瑞士的运营商都计划在 2020 年开始部署 5G 独立组网（SA）。

（三）5G 业务应用尚处于初级阶段

目前，全球 5G 应用仍以增强移动宽带业务为主，与垂直行业融合应用尚处于探索阶段。韩国运营商针对本国文化娱乐、体育、游戏等产业发达的特点，积极培育增强现实、虚拟现实和云游戏等内容产业，美国运营商主要为个人用户提供固定无线接入服务。在行业领域，国外运营商仍处于探索阶段，韩国“5G+”战略选择沉浸式内容、智慧工厂、无人驾驶汽车、智慧城市、数字健康业务作为核心服务；美国运营商正在在工业互联网领域探索基于 4K 视频的安全监测、AR/VR 员工培训及定位服务，并尝试将 5G 与 VR/AR 用于医疗领域；欧盟 5G 融合应用试验涉及工业、农业、智慧城市、港口等多个场景。日本在移动医疗、智能城市、智能交通等 5G 垂直行业应用及 AR/VR、高清视频等个人用户应用开展了多方面的应用探索。

二、我国 5G 商用发展现状

2020 年是 5G 商用突破的关键之年，也是我国全面建成小康社会的收官之年。我国 5G 商用发展迎来快速发展期。

（一）我国 5G 产品日渐成熟，产业链日趋完备

我国 5G 产业快速发展，上下游产业生态正在加速形成。基站方面，华为、中兴等均推出可支持 NSA 和 SA 两种模式的 5G 中频系统设备，截至 2020 年 2 月，华为已获得 91 个 5G 商用合同，5G 基站发货量超过 60 万个，市场份额位居第一。芯片方面，华为海思推出业界首款支持 SA 和 NSA 组网的 5G 基带芯片巴龙 5000，并发布了业界首款旗舰级 5G SoC 芯片麒麟 990；紫光展锐也推出 5G 基带芯片春藤 510。终端方面，我国华为、vivo、OPPO、小米等企业在 5G 终端市场份额超 50%。

（二）我国电信运营企业加速 5G 网络建设

截至 3 月 12 日，全国 5G 基站累计建设规模 17.8 万个，2020 年三大运营商将完成 55 万个 5G 基站的建设目标，其中中国移动 30 万站，中国电信和中

国联通共建共享 25 万站，实现地级市以上市区室外连续覆盖、县城及乡镇有重点覆盖、重点场景室内覆盖，中国广电也将启动 700MHz 频段的 5G 网络试点。此外，电信运营商还将加快 5G 网络由 NSA（非独立组网）向 SA（独立组网）的演进，推动 SA 端到端产业链成熟，力争在年内实现 SA 网络商用。

（三）我国 5G 应用实践的广度与深度不断提升

对于个人消费市场，国内运营商推出了 5G+4K 高清视频、5G+VR/AR 等特色视频业务。在行业应用领域，我国 5G 融合应用正在从试点示范逐渐步入应用推广阶段，业务探索从单一化业务向体系化应用场景转变，工业互联网、医疗健康、文体娱乐、公共安全类应用数量明显增多，5G 与人工智能、大数据、云计算结合更加紧密。2020 年 5G 应用在助力新冠肺炎疫情防控和复工复产工作中发挥了重要作用，在远程医疗、公共监控、智慧教育、远程办公、巡检物流等领域初试身手，5G 远程会诊、远程超声诊断、5G 医护机器人等应用在多个医院得到了实际应用，5G+热成像技术、5G 远程教育、5G+远程签约、远程巡检、智慧物流、远程监控等多种创新应用正在助力各行业复工复产。

三、5G 商用面临的问题与挑战

当前，我国 5G 已进入商用部署的关键阶段，运营企业正在积极开展 5G 商用网络建设及运营准备，但 5G 商用初期仍面临着诸多问题。

（一）5G 网络建设存在挑战

只有独立组网才能体现 5G 网络的优越性，我国将基于独立组网模式建设 5G 网络，但由于独立组网标准成熟较晚，5G 核心网采用服务化架构，与 4G 核心网相比，网元和接口数量成倍增加，异厂商互操作的复杂度大幅提升，独立组网产品的成熟性和稳定性还有待接受大规模商用考验。此外，中国电信和中国联通将通过共建共享的方式部署 5G 网络，网络规划建设的难度将大幅度增加，且由于共享方式未定，也为未来共享效果带来诸多不确定性。

（二）5G 商用初期面临投资收益挑战

与 4G 相比，5G 的工作频段更高，需要更密集的网络部署来实现连续网络覆盖，且由于 5G 设备的能力更强，因此单个基站成本也大幅提升，5G 网络部署成本将大幅增加。此外，基站功耗的提升还将导致运营商运营成本的显著增加。由于 5G 商用初期仍主要面向传统的增强移动宽带场景，受运营商同质化资费设计以及大流量包、无限量套餐等影响，流量红利加速释放，单价持续降低，导致流量收入增长受限。

（三）行业融合应用仍处于探索阶段

5G 肩负的一项重大使命就是赋能赋智各行各业，但 5G 与垂直行业的融合应用是新生事物，也是世界性难题，目前尚处于探索阶段，仍存在需求不明确、主体多元化、商用模式不清晰等问题。各行各业对通信的需求差异大，洞察需求有难度，解决方案需要完全定制，行业用户认同也需要较长时间进行培育，5G 与垂直行业融合应用发展需要通信行业与垂直行业在需求、技术、产业、应用及商用模式等领域进行联合探索和创新。

四、下一步工作考虑

面向我国 5G 商用发展存在的问题与挑战，深入贯彻落实中央经济工作会关于“加快 5G 商用步伐”的战略部署，紧紧抓住 5G 商用发展的历史机遇，攻坚克难，加快推进 5G 研发及商用进程，进一步深化 5G 与实体经济的深度融合，助力我国经济实现高质量发展。

（一）加快网络建设，打造 5G 精品网络

规模化的网络设施是拉动技术产业创新发展、促进 5G 应用推广普及、支撑经济社会数字化转型的基础和前提。在加快推进 5G 产业链成熟，尤其是独立组网基站、芯片、终端及核心网设备发展的同时，加快推进 5G 网络建设，由重点城市和地区铺开，分阶段逐步向全国范围扩展，加快建成覆盖全国、技术先进、品质优良、高效运行的 5G 精品网络。

（二）培育特色应用，推动 5G 融合应用发展

融合发展是 5G 发展的重点和难点，要加快建立跨行业协调指导机制，强化顶层设计，降低政策法规和行业准入壁垒，研究落实配套的支持政策。加快推动 5G 与车联网、医疗、智慧城市、工业等重点行业应用融合发展，探索形成可复制、可推广的应用模式，有序推动 5G 在教育、医疗、养老等公共服务领域广泛应用，服务社会生活各个方面。

（三）加大政策支持，助力 5G 商用快速发展

建议国家和地方政府在 5G 网络选址、配套建设等方面给予政策支持，推

动站址、天面、机房、光纤等信息基础资源的规划纳入城乡整体规划，推动路灯、信号灯、路牌、井盖、电线杆等公共基础设施的开放共享。加大电力优惠政策支持，对具备条件的基站和机房等配套设施由转供电改直供电，并对 5G 基站予以适当补贴。通过调节纳税和考核政策，加大对运营企业支持。

（撰稿人：中国信息通信研究院　魏克军）

专题七　工业互联网标识解析创新应用的发展趋势

工业互联网标识解析体系是工业互联网重要的网络基础设施，是实现工业企业数据流通、信息交互的关键枢纽。

一、工业互联网标识解析的发展背景及意义

当前正处在以数字化、网络化、智能化为本质特征的第四次工业革命的重大历史变革时期，工业作为国家经济发展的重要基础，随着以区块链、5G、物联网、云计算、大数据、人工智能等为代表的新一代信息技术的发展，正迎来重大发展机遇。工业互联网作为新一代信息技术与制造业深度融合的产物，通过全面构建人、机、物、环、料、法等的互联互通，打造全要素、全产业链、全价值链、全面连接的新型工业生产制造和服务体系，是数字化转型的重要实现途径，推动全球工业体系的新一轮变革。

党中央、国务院高度重视工业互联网发展。2017 年 11 月 27 日，国务院印发关于深化“互联网+先进制造业”发展工业互联网的指导意见，对工业互联网发展进行战略部署。2018 年 5 月 31 日，工业和信息化部出台《工业互联网发展行动计划（2018—2020 年）》和《工业互联网专项工作组 2018 年工作计划》，对深入工业互联网创新发展做出具体规划指导。2018 年 12 月 29 日工业和信息化部发布《工业互联网网络建设及推广指南》，加快落实全面推动工业互联网体系建设。2020 年 2 月 21 日，中央政治局会议再次强调，要推动工业互联网加快发展。2020 年 3 月 4 日，中央政治局常委会做出加快工业互联网等

新型基础设施建设进度的重要部署。为深入贯彻落实中央关于推动工业互联网加快发展的决策部署，2020 年 3 月 20 日，工业和信息化部印发《关于推动工业互联网加快发展的通知》，明确要求完善工业互联网标识体系，进一步深化工业互联网标识创新应用。

工业互联网标识解析体系是工业互联网重要的网络基础设施，是支撑工业互联网互联互通的神经枢纽，其作用类似互联网的域名系统。工业互联网标识解析体系通过赋予每一个实体物品（产品、零部件、机器设备等）和虚拟资产（模型、算法、工艺等）唯一的“身份证”，实现全网资源的灵活区分和信息管理，是实现工业企业数据流通、信息交互的关键枢纽。

工业互联网标识解析体系的核心包括：标识编码、标识解析系统、标识数据服务 3 个部分。标识编码是能够唯一识别机器、产品等物理资源和模型、算法、工艺等虚拟资源的身份符号，类似于“身份证”。标识解析系统，能够根据标识编码查询目标对象网络位置或相关信息的系统，对机器和物品进行唯一性的定位和信息查询。标识数据服务，能够借助标识编码资源和标识解析系统开展工业标识数据管理和跨企业、跨行业、跨地区、跨国家的数据流通及基于数据的其他增值服务。

二、工业互联网标识解析的创新应用模式研究

工业互联网标识解析体系是跨系统、跨企业、跨地域实现工业数据共享的重要基础。目前，初步建成覆盖全国的分层分级工业互联网标识解析体系。北京、上海、广州、武汉、重庆五大国家顶级节点是体系核心，向上对接国际根节点向下对接二级节点；面向垂直行业的二级节点是标识创新应用的重要抓

手。随着与实体经济的深入融合，工业互联网标识覆盖范围规模扩张。全国二级节点达 47 个，覆盖全国 19 个省（自治区、直辖市），深入船舶、集装箱、石化、食品、医疗器械、装备制造等 20 个重点行业领域，标识注册总量超过 26 亿。标识解析节点功能不断增强，应用创新日益活跃。

（一）基于工业互联网标识解析系统的智能化产品追溯

产品追溯是指产品从设计、生产规划、制造、运输、服务到回收的整个生命周期过程中，利用标识技术记录和查询产品状态、属性、位置等信息的过程，其目的是全过程全方位掌握产品的数据，促进企业内部各系统之间、企业之间、企业和客户之间信息数据的互联互通，实现企业资源优化配置，提高产品质量、生产效率和企业的核心竞争力。工业互联网标识解析体系是实现产品追溯的核心关键，通过唯一的工业互联网标识查询存储数字对象的服务器地址或直接查询数字对象的相关信息及服务。

溯源和定位系统的传统模式是各参与方将溯源和定位信息统一上传到追溯系统服务器，信息的真实性和权威性无法保障。而工业互联网标识解析体系改变了这种模式，它将各阶段的溯源和定位信息存储在各企业的数据库当中，形成分布式数据存储模式，通过标识解析体系进行信息查询，有效提高了信息的真实性和权威性。一方面，可以实现将产品从原材料、设计、生产、质量检测、包装存储、物流运输、营销渠道等不同阶段分散在各个业务系统中的数据连接起来，实现整个供应链数据互联互通。另一方面，也可以利用标识解析服务，从消费者方向对产品的各个环节信息进行追溯，查询数据源头信息。

中检溯源利用工业互联网标识解析技术在食品行业定位与溯源中开展了创新应用。针对国际间及国内流通的商品，面向生产、加工、物流、贸易、消费过程，利用工业互联网标识，对产品品质测试、实地验证、工厂检查等检验检测提供技术手段，通过标识解析系统实现对商品质量全过程、全链条的信息获取，为政府监管部门、生产商、贸易商、终端消费者提供公共服务。

（二）基于工业互联网标识解析系统的产品全生命周期管理

在产品全生命周期管理过程中，特别是高端复杂精密装备，其设计复杂多变、制造流程较长、参与企业众多，企业内各生产线间、工厂间以及企业之间存在大量非标准化的标识和数据格式问题，形成多个“信息孤岛”难以发挥数据价值。工业互联网标识解析服务是实现产品全生命周期管理的重要基础。通过建设工业互联网标识解析国家顶级节点、二级节点和企业节点，针对企业使用的不同标识体系，提供公共标识解析服务，帮助企业实现各环节、各企业间信息对接，实现设计、生产、市场、售后信息的全面数字化与交互，提升企业知识价值与共享，优化产品开发与业务流程，降低产品全生命周期的管理成本，从而实现提升企业的市场竞争力。

中船集团利用工业互联网标识解析技术在船舶全生命周期管理中开展了创新应用。中船集团利用船舶行业标识解析二级节点，将船东、船舶设计院、钢铁生产企业、舾装件供应商、物流运输商、船舶总装厂、维修服务商、保险公司等联系起来，在统一平台生成及解析钢板、舾装件物资标识，打通设计、生产、运输、使用、服务等环节。通过统一船舶、设备、备品备件的编码规则和元数据模型，实现船舶建造和船舶运营数据的融合。

（三）基于工业互联网标识解析系统的供应链优化管理

在原有的供应链管理中，各企业通过自己的供应链管理系统，面向仓储物流企业或制造企业进行信息传递，交叉环节众多，影响协同效率，无法实现资源的灵活调度。基于统一工业互联网标识解析体系，配件生产企业、仓储物流企业、整机制造企业通过唯一标识在标识解析体平台注册、解析、查询，解决了企业间因信息不对称、物资标识不统一而引起的生产效率低下等问题，促进生产、运输、使用、服务等环节的高效协同，有效提升企业资源优化配置，实现优化供应链管理。

中集智能利用工业互联网标识解析技术在集装箱物流供应链管理中开展了创新应用。集装箱物流供应链具有典型开环供应链特征，即集装箱的所有权、经营权、使用权各自分离。一个集装箱从提箱开始，到装载货物完成出口，需要经过 7 大类（集装箱供应方、货主、运输方、货柜管理方、物流服务企业、金融服务企业、国家监管部门）、50 多家不同身份不同性质的企业和政府监管机构进行作业和处理，是典型的跨企业、跨区域、跨国家的流通应用。为有效支撑我国“一带一路”倡议中物流一体化信息网络建设，中集智能科技有限公司通过建设工业互联网标识解析体系（集装箱行业），为集装箱供应链提供标准编码和身份识别服务，实现信息互联互通和数据共享。

（四）基于工业互联网标识解析系统的设备故障预测及健康管理

工业设备故障预测及健康管理是指利用工业系统中产生的各类数据，经过信号处理和数据分析等先进技术，对工业系统的健康状态进行预测和管理的系统性工程。传统的故障预测及健康管理具有“先故障后维修，故障定位、原因分析困难，维修周期长，经济损失大”等特点。基于工业互联网标识解析的设备资产健康管理，通过对每个核心零部件赋予唯一标识，将核心零部件与整机组设备信息相关联，实现生产运行智能监控及优化，设备故障主动预测维修。

在运行优化方面，通过对设备工作参数、环境参数、产品质量数据的全面采集，建立设备性能模型，进行设备状态分析和效能分析，寻找运行优化解决方案，提高设备利用率和产品质量，降低成本。在故障预测方面，通过对核心设备（部件）的运行数据、设备效率数据的全面采集和分析，结合历史数据及实际工况条件，利用机器学习等先进数据分析技术与工业机理模型，训练基于数据和模型双驱动的设备故障预警模型，构建优化设备运维流程，实现设备故障的提前预测和主动维修，减少设备零部件故障带来的经济损失。

陕西经达利用工业互联网标识解析技术在设备故障预测及健康管理中开展了创新应用。核心零部件厂商通过加装实时监测模块收集数据，利用行业知识对运行状态进行分析，并将设备预警信息发送给整机设备集成商。整机设备集成商通过工业互联网标识解析系统查询、定位、联系设备使用企业，帮助设备使用企业优化运营条件及订购备品备件。

三、推动工业互联网标识创新应用发展的措施建议

加强统筹指导，强化政策扶持。在国家层面应科学统筹战略规划，依托专项政策资金等引导产业发展，完善标识标准体系建设。在地方政府层面，深入贯彻工业和信息化部《关于推动工业互联网加快发展的通知》，根据实际情况制定相关政策，合理安排促进工业互联网发展所需资金，组织引导企业持续推进工业互联网标识解析二级节点建设，深化工业互联网标识与地方特色产业的创新融合应用。依托地方专项资金、财税优惠等政策，鼓励地方重点企业推动工业互联网标识解析建设与创新应用。

积极探索创新，增强价值实现。企业应加大区块链、5G、物联网、云计算、

大数据、人工智能等新一代信息技术的研发，加强新技术、标识解析与企业业务的深度融合，积极推进智能化生产、网络化协同、个性化定制、服务化延伸、数字化管理等新模式创新，深入挖掘商业价值增长点、探索商业模式价值增长实现路径，总结分享可复制成功经验做法，推动上下游企业及行业的转型升级。

推动交流宣传，加快生态培育。行业协会、产业联盟应充分发挥支撑政府、服务行业的桥梁作用，积极参与和深入开展有关法律法规和标准宣传贯彻活动，推动会员企业提高标识解析节点建设及创新应用的积极性；利用产业集群优势，整合行业区域资源，降低创新应用门槛，加快培育工业互联网标识创新应用生态。

（撰稿人：中国信息通信研究院　陈文曲）

专题八　大力发展数字经济，强化领航作用

当前，新型冠状病毒肺炎疫情对经济增长的冲击短期内仍然存在，但我国经济长期向好的基本面没有改变。疫情期间，我国数字经济仍保持快速增长，一批新产业新模式新业态持续涌现，传统产业加快利用新技术实现转型发展，逆全球化态势缓解的曙光初现。既要承认短期阵痛，也要看清、重视疫情倒逼产生的新动能、新行业、新机会。把握机遇、化危为机，注重短期应对措施与长期发展政策相结合，打造经济发展的“领航员”，加速推进新动能发展，构筑支撑经济高质量发展的强大动力。

一、疫情冲击，经济增长趋势出现新变化

当前，全球经济持续疲弱，经济增速由2018的3.6%下降到2019年的3.0%，主要经济体制造业进入下行周期，减速效应进一步向服务业蔓延。我国正处在转变发展方式、优化经济结构、转换增长动力的攻关期。2019年，在国内外压力显著增大的背景下，我国GDP仍然实现了6.1%的增长，制造业采购经理指数连续两个月保持在荣枯线以上。2020年前三季度我国国内生产总值（GDP）697798亿元，按可比价格计算，同比增长6.2%，经济呈现企稳态势。

新冠肺炎疫情对经济发展带来不同程度的风险和不确定性。第三产业，尤其是对仓储和邮政业、批发和零售业、住宿和餐饮业的影响最大；第二产业主要受产业链供应链的影响，表现为供需错位；第一产业因农产品销售渠道不畅，影响有所显现。但2020年下半年我国经济增长回温态势比较明显，从一些经

济指标可以看到新的变化和迹象，比如制造业 PMI 有所加快、基础设施投资逐步回升、工业生产者出厂价格 PPI 环比稳步上涨、汽车生产和销售降幅呈收窄态势等，这些都是比较正向的信号，再加上 2019 年四季度基数相对较低，2020 年四季度经济保持平稳趋势是有保证的。

二、扬帆起航，数字经济创新发展

疫情短期冲击效应显现，但我国经济长期向好的基本面没有改变，也不会改变。我国经济具有强大的发展韧性，疫情所造成的经济短期波动会逐渐减弱，并回归到经济增长的原有趋势。美国彼得森研究所、标准普尔等权威研究普遍认为，疫情对我国短期宏观经济运行带来冲击，但不会影响中长期运行态势。本次疫情中，数字经济仍能够保持快速增长，不少新动能、新行业、新机会加速走上前台，逆全球化态势也初现缓解的可能性。这些都为经济发展创造了新空间，带来了新机遇。

数字经济对冲波动、稳定增长作用凸显。我国经济已由高速增长阶段转向高质量发展阶段，发展数字经济与加快转变经济发展方式形成历史性交会。经济转型前景广阔、意义重大，但也不可避免地带来经济发展风险和不确定性，尤其需要数字经济作为新动能平抑波动、稳定增长。**一方面，数字经济推动发展方式转变，增强经济稳健性。**发展数字经济，能够降低经济运行成本，促进供需精准匹配，使经济发展加快由粗放发展模式向主要依靠科技进步、劳动者素质的增长模式转变，不断优化发展结构。据中国信通院测算，2019 年信息技术对我国全要素生产率的贡献达 21.6%，较 2012 年提升 5.7 个百分点，使经济发展变的更高效、更稳健。**另一方面，数字经济推动发展动力转换，保障经济**

增长。以 5G、人工智能、区块链等为代表的新一代信息技术加快突破应用，网络连接从人人互联迈向万物互联，技术应用从侧重消费环节转向更加侧重生产环节，一大批新模式新业态新产业快速兴起，传统产业加快数字化、网络化、智能化发展，数字经济正成为推动经济增长的关键引擎。中国信通院测算表明，尽管此次疫情对数字经济也产生一定影响，但数字经济增速仍然能够保持在14%以上，显著高于 5%～6%的宏观经济预期增速，成为带动经济增长的核心力量。

一批新产业新模式新业态不断涌现。一是服务业加速迭代，“大线上、小线下”模式发展迅速。疫情使得经济活动加速向线上迁移，各企业纷纷通过在线化方式寻求出路。如西贝将经营重点转向线上和外卖服务，海底捞的外卖业务也实现独立运营。**二是**产业数字化转型提速，融合发展向深层次演进。疫情的隔离要求使得企业纷纷选择在线远程办公，倒逼企业管理的数字化。同时，口罩等基本医疗物资严重短缺，推动制造企业与互联网企业合作，倒逼生产端加速“机器换人”进程。**三是**互联网渠道“下沉”，消费新空间将大幅拓展。当前，网络零售、生鲜电商等业态快速发展，推动农村网络服务进一步普及，同时倒逼电商平台加速渠道下沉，如为改善农产品滞销问题，淘宝上线“吃货助农”，京东等利用自身优势确保物资供给和送达。**四是**就业持续创新，共享用工模式优化用工结构。多家生鲜商超联合餐饮企业，合作解决用工问题，共享员工模式诞生，如盒马联合云海肴、青年餐厅等，合作解决疫情期间餐饮行业待岗人员的就业问题。

逆全球化态势得以缓解的曙光初现。此次疫情对全球供应链的冲击非常显著。我国出口中间品占比高，任何中间品贸易中断都影响到整个生产过程的连续性。牛津经济研究院预测，此次疫情将导致 2020 年全球经济年增速跌至

2.3%，是 2008 年金融危机以来的最低增速，如果考虑对全球供应链的冲击，全球经济将面临更加严峻的考验。**作为全球供应链关键一环，我国产业链的重要性凸显**。在电子行业，全球智能手机的约 65%、笔记本电脑的约 45%都在我国生产，我国已成为全球供应链不可分割的重要组成，一旦出现巨大供应缺口，其他国家很难在短期内填补。此次疫情导致我国供应短缺，已使日本、韩国等国家的多家企业停产，世界各国急切期望我国企业尽快复工。**可以预见**，为稳定本国经济与就业，各国由复工迟滞所积累的市场需求将集中释放，以设置贸易壁垒为代表的逆全球化态势在一定程度上将可能得到缓解。

三、强化引领，推动经济社会高质量发展

疫情对经济社会产生较大短期冲击，要积极主动寻求应对策略，也要密切关注疫情中呈现出的发展新机遇，持续为经济高质量发展提供强大支撑。建议如下。

短期，有效应对疫情冲击，保障发展稳定。采取积极的财政政策和稳健的货币政策，为全面恢复和扩大生产及消费创造宽松的政策环境，对一些受疫情影响较大的企业给予适当的补贴，帮助企业，尤其是中小微企业，缓难纾困、渡过难关，强化消费民生领域的逆周期调节。进一步发挥 5G、大数据、人工智能、物联网等新一代信息技术作用，通过远程办公、协同采购、业务上云等方式，开展智能排产、供应链优化和设备远程运维等应用，加快企业复工复产，保障产品服务供给。

中期，把握时间窗口，培育壮大新动能。加强前瞻性基础研究，增加源头技术供给，以疫情需求为导向，以基础研究突破带动引领性原创技术、关键核

心技术、战略性技术产品的重大突破。尽快出台稳定新产业新模式新业态、培育新的消费投资热点等政策，加快科技创新成果产业化，尤其是疫情需求迫切的领域，培育一批创新型领军企业，加强对数字经济中小微企业创新的支持。准确识别数字经济发展过程中的效率洼地，以提高全要素生产率为目标，激发企业主体活力，改善行业供需关系，推动数字经济产业发展方式根本性变革。

长期，突出提质增效，提升经济核心竞争力。大力发展数字经济，推动产业结构优化升级，培育发展新兴产业，改造升级传统产业，不断提升产业链水平。推动融合发展，推动信息通信技术和实体经济特别是制造业的深度融合。构建适应数字化转型发展的制度环境，政府应加强与企业的协同，不断拓展数字技术在治理中的应用，提高治理效率，提升治理效能。深化对外开放合作，加强与联合国、G20 和金砖等多边机制、论坛的对接，加强各国政策协调，推进重点领域合作，深化国际互利共赢。

（撰稿人：中国信息通信研究院　孙克）

专题九　“新基建”如何助力数字经济发展

当前，我国经济迈入高质量发展阶段，新时代需要“新基建”。适应我国社会主要矛盾转化要求，能够较好支持创新发展，在补齐短板的同时为数字经济助力，这是新时代对“新基建”的根本要求。“新基建”将给产业升级带来更大空间，推动形成新的产品服务、生产体系和商业模式，有助于稳增长稳就业，更好地满足人民生活美好需要。

一、“新基建”发展体系的内在逻辑

“新基建”是指以5G、AI、工业互联网为代表的新型基础设施，本质上是数字化的基础设施，提高的是整个国家生产效率。当前，新基建发展体系已初步构建，并在抗击疫情期间发挥积极影响。

（一）“新基建”体系化发展是必然选择

1. 用户认知加速升级

信息通信技术成为新基建的重要抓手，通过在线方式进行生产生活有望成为新选择。疫情期间，大量用户通过线上方式获得生活服务，C2B模式让新基建崭露头角。更多的用户学会利用互联网工具辅助工作学习，深度体验了在线课堂、在线办公。近期，约30个省（直辖市、自治区）的教育主管部门提出在线授课的需求，腾讯教育团队积极参与实施，服务学生人数超过1亿人。

2. 企业协同化觉醒

企业通过视频会议、线上营销、云招聘、柔性生产、智能化工厂等数字化平台和工具来丰富资源，提升企业自身快速应急响应能力，成为当前企业发展显著特点。随着 5G 与 AI 更加实质性落地，火神山医院、雷神山医院实现 5G 网络全覆盖，远程医疗等成为抗击疫情的重要抓手。人工智能 CT 设备在湖北省最大的方舱医院成功部署，最快 2 秒就能完成 AI 辅助诊断参考。企业数字化进一步发力，产业链上下游协同成为新趋势。

3. 智慧城市按下加速键

智慧城市建设的关键点在于快速反应的城市管理能力。利用大数据、人工智能等数字化手段，建立防疫检查系统、上线健康码等数字政务应用，可以有效提升社会治理效率。例如北京地铁公司旗下有 450 个地铁站、5 万名员工，过去要保证地铁正常运营，需要面对面开会沟通。疫情期间通过腾讯会议、企业微信远程协同，最多一天召开 142 次大型会议进行工作安排，效率远高于线下会议。

（二）“新基建”发展体系逐步构建

疫情改变了人们的思维方式和生活习惯，新需求和创新因素破土而出，正在展示数字经济时代的巨大潜力。“新基建”通过数字化、智能化手段实现不同类型要素全面连接，支撑上层各种应用。总的来看，“新基建”涵盖的领域构建了一整套发展体系并包含以下 4 个层次。

第一层为核心层，包括 5G 基站建设、数据中心等数字网络核心基础设施是新基建的压舱石，也是新基建的关键组成部分。**第二层为融合层**，包括人工智能、工业互联网等技术越来越多地被企业采用，加快对传统基础设施进行智能化改造，实现数据在各环节各生产要素间的快速传递，构建出新型智能化软硬件基础。**第三层为应用层**，包括新能源汽车充电桩、新材料等成为互联网与能源工业的交会点和典型应用。**第四层为扩展层**，包括特高压、城际铁路轨道交通，既有传统基建的特色，又可以借助“新基建”的其他领域进行数字化升级。以上 4 个层次构成一个紧密的新基建发展体系。

二、“新基建”的发展现状与行业实践

信息通信基础设施为数字经济的发展和产业转型升级提供了底层支撑。在数字经济浪潮下，信息通信技术为庞大的数据量和信息量的传递提供了高速传输信道，补齐了制约人工智能、大数据、工业互联网等在信息传输、规模连接、通信质量上的短板。

（一）新一代信息技术：万物互联、赋能未来

一是 5G 成为数字经济建设关键领域。一方面，5G 时代把移动通信提到新高度，5G 不仅仅服务于个人用户，将更多地服务产业用户。即从消费端向生产端转移。另一方面，5G 将加快与其他技术融合，推动云网融合发展。行业解决方案里面，5G 解决连接问题，但需要配套的云计算提供计算网络的能力。预计 2024 年，中国 5G 用户达 10.1 亿人。以应用驱动网络为理念，腾讯携手运营商、应用开发者，探索新内容和新场景，聚焦车路协同、高清视频等应用的开发和标准制定，加快打造丰富多样的 5G 应用生态。

二是人工智能构建第一生产力。新基建浪潮下 AI 重要性不容小觑，此次疫情期间大放异彩。AI 提供的线上问诊功能，一方面缓解了医生疫情期间的就诊压力，另一方面让人们意识到 AI 的重要作用。微信、腾讯医典、腾讯健康小程序上推出的义诊服务，累计服务超过 1200 万人次。长远看来，人工智能

技术将推动医疗机构实现分级诊疗，提高医疗资源的配置效率。此外，为支持用户在线复工复课，腾讯会议 8 天扩容超过 10 万台云主机，投入的计算资源超 100 万核。这背后是过往云计算能力的积累。

三是工业互联网支撑制造强国发展。新一代信息技术与制造业深度融合是我国从制造大国向制造强国转变的必由之路。工业互联网正成为制造企业复工复产的有力助手。疫情期间腾讯开放了工业互联网公共服务平台，来满足于企业复工复产、人员防控、医疗物资救助、在线培训需求，发挥海量连接和协同作战能力，增强企业运营和产品竞争力。以西安航空基地为例，“WE 智造”小程序在 4 天时间内帮助辖区的 60 家企业解决约 160 个复工过程中的棘手问题。根据研究机构测算，2020 年我国工业互联网产业经济规模将达 3.1 万亿元，带动约 255 万个新增就业岗位。

（二）交通与新能源：建立智能城市、助力数字经济

一是新能源充电桩快速发展。当前新能源行业进入调整期，但充电桩领域发展迅速。截至 2019 年年底，国内公共充电桩和私人充电桩总共保有量达 122 万台，其中私人充电桩 70.3 万台，公共充电桩 51.6 万台。充电服务费是充电运营商收益核心，同时数据服务、增值服务已经开始呈现出新的商业模式和商业盈利能力。产业链上下游分工协作逐步显现，中小企业将更加注重下线服务与运营。

二是行业协同加速落地。“新基建”的快速普及，将会加快数据流动，让互联网和实体产业彼此信任、互相依靠的“双打模式”。小程序、公众号、微信支付等连接工具，保证了服务能力和用户良好的体验。例如“乘车登记码”的推出，联动全国各地政府、地铁、公交、出租车公司，实现数据多跑路，用

户少跑路。抗击疫情期间，健康码作为技术标准首次实现全国统一，同时为疫情大数据分析提供统一数据源，也为国家制定整体防疫措施提供精准依据。

三是智能城市初具规模。“新基建”的快速完善，将打破信息孤岛，为数字政务、城市治理、城市决策等提供解决方案，实现“城市即平台、市民即用户、连接即服务”的城市治理目标。通过企业微信与微信的互通功能，全国200多家“西贝”门店客户经理和9万多名顾客紧密连接，借助小程序商城为顾客提供食材订购和线上送餐服务，目前线上营收占到了西贝总营收的80%以上。借助云计算与人工智能技术，腾讯与商飞打造复合材料检测系统，检测过程从几小时缩短至几分钟，同时整体缺陷检出率提升到99%。

“新基建”不仅会降低成本、提升效率、创新商业模式，还将促进制造业技术改造和设备更新。这对我国优化经济结构、支撑新型服务业和新经济、助推中国经济转型升级、迎接更大挑战至关重要。

三、“新基建”引发数字社会发展新趋势

“新基建”伴随着新一代信息技术的发展，是对不同行业数字化、网络化、智能化的赋能，无论是5G还是数据中心、人工智能或工业互联网，都是通过不同的连接方式将人机物实现广泛连接，通过打通全产业链数据流、信息流、知识流，实现转型升级，助推数字经济快速的发展。总的来看，“新基建”具有3个显著发展新趋势。

一是技术集群带来“新”发展。“新基建”发挥作用，需要加快形成技术集群，充分挖掘不同技术的潜在优势和能力，形成技术融合创新发展合力。通过5G技术加快人与物、物与物的连接；推动数据中心建设布局来满足海量数

据存储，加快 AI 技术在大数据分析方面的突出能力，从而构建出数字经济发展新趋势。

二是构建技术产业“新”闭环。“新基建”将和传统基建互为补充，传统基建历史上也曾被称为“新基建”。技术创新会带动形成新的产业，新的产业又需要“新基建”的有力支撑，最终在“新基建”基础上又将诞生出新技术。因此，新旧基建交错螺旋发展，将催生新一轮技术创新，循环上升。

三是带来经济社会“新”影响。传统基建重点面向工业社会，推动原子和能量的流通与应用；“新基建”重点面向数字社会，推动比特和算力的流通和应用。适度超前的新型基础社会建设将加速数字社会发展。未来，“新基建”将一方面拉动内需和促进就业增长，另一方面也将为建设数字社会打下坚实基础，形成新机制。

四、“新基建”行业发展面临的挑战及政策建议

（一）行业发展面临的挑战

当我们从工业革命向信息革命迈进的时候，基础设施的概念和内涵也是随着迭代更新的。加快“新基建”进度，不是简单的重复建设，而是与产业化应用协调推进，与各行各业产生化学反应，既能增基础设施建设稳增长的目标，又可以助推我国经济高质量发展。因此，提升传统基础设施智能化水平，推动新型基础设施普及化速度，对于我们国家、企业和个人都是非常重要的事情。

但同时也要意识到，“新基建”在建设初期仍面临一定的挑战。一是“新基建”当前规模较小，尚未形成集群效应。全球正处于格局未定和重大突破的

窗口期，加快新型基础设施建设已刻不容缓。二是“新基建”内涵丰富，需要理清政府和企业职责，充分发挥各自的优势，形成“新基建”建设工作的合力。三是“新基建”既有有形基建，也注重无形基建，要避免相互之间的不协调，注重新旧基建衔接。

（二）政策建议

“新基建”关键在“新”，改革创新是推动新一轮基础设施建设的重要力量，在加快建设“新基建”的过程中，一是加快顶层设计。“新基建”与传统基建统筹布局，将新基建列入国家“十四五”规划重点任务，带动重点区域先行和产业转型发展。同时注重专项规划制定，鼓励市场化主体参与规划编制。二是注重核心关键技术研发。系统布局前沿共性技术攻关，打造以5G+人工智能+云计算为基础的研发应用平台，发挥腾讯等龙头企业引领作用，为企业提供可靠的风险识别能力和安全能力，为企业精细化运营、产业链协同开展创新。三是进一步放开基建领域市场准入，理清政企投资边界，为民营企业参与基建投资拓展渠道、消除限制，鼓励企业先行先试，总结形成可持续、可复制、可推广的创新模式和发展路径。四是注重全球产业链安全保障。疫情导致全球供应链风险加大，要加强国内产业链完善，加快新基建建设过程中的网络安全和数据安全保障工作。

（撰稿人：腾讯安全管理部　李佳　翟尤）

专题十　“新基建”加速助力生活服务业消费升级与品质提升

中共中央政治局常务委员会2020年3月4日召开会议指出，要加快5G网络、数据中心等新型基础设施建设进度。有专家认为，新型基础设施建设溢出效应显著，将进一步带动新消费、新制造、新服务，成为推动经济发展的新动力。国家重点部署的“新基建”项目，被视为未来经济增长的新引擎。生活服务业领域是新消费、新服务不可或缺的重要领域，加快推进“新基建”进度，将有助于促进新时代背景下消费升级和品质提升，更好地满足人民群众对美好生活的向往与追求，是国家未来经济发展的重要抓手之一。

一、生活服务业数字化进程全面加速

互联网十几年的高速发展，促进了中国零售业数字化的迅猛发展，数字化浪潮正扩散至生活的方方面面。特别是近年来，移动互联网的应用普及，为满足“随时随地”生活服务，提供了强有力的移动网络和终端技术支持。2020年3月30日美团发布的2019年财报显示，全年总交易金额同比增长32.3%至6821亿元，平台年度交易用户达4.5亿户，其中餐饮外卖全年交易笔数同比增加36.4%达87亿笔。这一数据意味着需求消费侧，全中国城市居民每2人就有1人在使用美团平台，实际上是用户在使用生活服务业“新基建”。这一生活服务基础设施，帮助几百万人解决了灵活就业问题，让无数人可以快速便利地享受到品质生活服务，可以利用大数据支持更多贷款精准扶持确实需要的餐厅，让国家有限的资金真正用到该用的地方，支持政府开展生活服务业治理等。

随着线上线下融合消费习惯的培养、疫情防控刺激，以及在特殊时期所展现出来的社会组织动员、服务智慧化管理、服务无人智能化、即时配送响应、供需高效衔接和生活保障能力等需求，生活服务业全面数字化已经成为全社会共识，对数据中心、智能化等“新基建”需求更加迫切。目前，生活服务全行业供给侧数字化比例不到20%，通过互联网、数字化升级，形成了一大批创新型的信息产品和信息服务，直接创造数千亿产值，辐射带动上下游，产生了巨大的经济效应和社会效应。未来，仍有超过80%的挖潜空间，在数字化、人工智能、大数据等“新基建”项目引领推进下，必将加快进程。电商服务化、服务融合化，全产业链数字化转型升级，正在成为行业发展大趋势，加速推进。

二、“新基建”加快推进生活服务新业态发展

5G 和大数据、人工智能等新型基础设施在生活服务业领域的推进实施，将会对全产业链带来革命性变化。对于广大消费者而言，生活更为便捷、高效，带来更为舒适的消费体验。对于商户而言，通过信息技术实现了供应链、运营管理到营销、口碑、引流和需求分析等全方位升级，与消费者之间的沟通和互动更加高效、频繁，生产运营效率大幅提升，优质商户将得益于“新基建”，脱颖而出；反之，“新基建”也在倒逼商户不断改良。对于电商平台而言，大数据能力、供应链体系、上下游资源、快速响应能力和智能化服务等，构筑了自身新型基础设施建设纬度，精准高效衔接各类优质供应和消费需求，提升行业治理水平。这些服务源源不断释放经济活力，惠及千家万户，带动经济高质量发展。

（一）生活服务高品质业态因数字化推进加速形成

在以往的发展经验中，一些餐饮连锁企业如南城香、真功夫等，通过与美团点评等生活服务电商平台合作，从供应链、运营管理到营销展示、订单管理和服务配送等全流程数字化升级，显著提升了运营效率和服务能力，营业收入大幅增加。以北京南城香为例，线上线下同时运营之后，每天仅线上送餐就超2 万份，不仅扭亏为盈，还实现了跨越式发展。成绩背后的逻辑，是因为电商平台“比用户更了解用户自己”，提供更加贴心的精准服务，让好的产品服务更快地触达消费者。这一切，都依赖于数字化和大数据等网络信息基础设施。在此过程中，生活服务业电商平台所提供的服务和展现的功能，本身就是一种新型基础设施。缩短了供需匹配和响应时间，消费者试错成本大幅降低，消费体验大大改善。与此同时，餐饮业态也会悄然发生变化，过去以堂食为主要消费场景并提供配送服务的餐饮业态，会衍生出一类不提供堂食仅提供“中央厨房+平台+定制化+配送”为主要服务模式的餐饮业态，各类原料、半成品、成品加工和配送是其主要特点。

（二）5G 应用激发生活服务虚拟现实场景需求

各种新型信息产品和服务，如高速公路上川流不息的车辆，基础仍然是公路的质量、承载能力和管理能力。在某种意义上，5G 技术就是信息高速公路，全面铺开后，各类信息产品和服务创新与场景应用必将加快。特别是生活服务领域的虚拟现实场景需求，可以大胆畅想。**一是在线购物场景**，没人上街，不一定没人逛街。通过 AR/VR 技术与在线平台所提供的服务，足不出户就可以实现商超游逛及商品选购，或者是决定去哪家商超之前，可以先通过虚拟现实技术体验一番之后再前往。**二是文化娱乐和旅游场景**，现在我们可以通过网络订票系统实现剧院、影院等场所的选座服务。未来，我们既可以在家欣赏，也可以去现场之前先进行环境、声效、视觉、位次等全方位感受之后再做决定，去一个没去的旅游景点之前同样如此。**三是现实消费场景**，比如希望去餐厅就餐、理发、医美等消费场景，同样有虚拟应用的需求。以就餐为例，餐厅的位置、交通、停车，预定的座位、包间环境、就餐氛围、服务水平，甚至菜品味道，都可以预先虚拟现实，再也不用担心可能会去一家失望的餐厅吃饭了。此外，会议服务、在线直播、在线问诊、在线教育等，均有巨大的场景需求。家庭电视、计算机、手机必配的时代，或许迎来虚拟现实设备家庭必备，这是“新基建”推进催生的信息产品和服务需求。

（三）无人智能技术将在生活服务业加快应用

无人车、无人机、无人百货、无人银行、智能药柜、智能语音、智能耳机等业态已经开始渗透到日常生活的各领域。这一应用推广，得益于人工智能等基础技术的快速发展。不是对现有人力的替代，而是通过这一技术的应用，让用户和消费者获得更好的体验。比如，一些超市推出的无人结账设备，这是非常初期的智能化应用，加快了超市排队结算速度，避免了人与人之间的频繁接触，解放的人力可以从事其他更有价值的工作，消费者的自主性更强。再比如，美团智能调度系统，通过“毫秒级调度+最优级配送路径”前端技术、机器深度智能学习方法，能够在 0.05 秒内计算出 97%的最优配送路线，实现消费者订单最优分配和骑手送餐路径智能规划。利用蓝牙耳机，通过人工智能技术实现机器对人的提醒，也实现人对机器的指令，骑手可以在接单、查询、取餐、拨打电话等配送全流程中，进行语音交互。当骑手在进入配送小区的时候，保安人员扫描他的二维码，就可以准确判断骑手在该小区的订单详情以及配送实时位置。

（四）生活服务因大数据显著提升消费者效用水平

互联网实名制之后，网上所有行为习惯都变成了用户数据标签，消费前的网络浏览痕迹、兴趣内容的点击率、具体内容的停留时间，以及消费后的记录，所有这些都可以基于一定的算法，予以关联分析评估，进而形成用户画像。这是大数据技术在生活服务场景中的应用价值。在隐私保护法律框架下，未来互联网平台与其说是争夺用户，不如说是争夺更多的标签画像，目的是为了更好地匹配产品和服务，增强黏性，从而获得平台持久的竞争力。与此同时，移动互联网的发展正在培养消费者的主动性和理性。这一场景之下，生活服务的成本、品质、安全、便利成为核心关键词，评价成为消费促成的关键影响因素，基于位置形成的餐饮、购物、旅游、娱乐等产品和服务，通过大数据技术实现了优质供给和消费偏好之间的精准、快速衔接，消费者效用水平将在同样时间、同样成本支出的情况下获得空前提升，平台、商户和消费者将实现共赢。因此，大数据驱动的生活服务业态竞争形态正在发生变化，科技创新因素越来越重要。

三、对策建议

（一）加快出台新基建深入实施的配套标准体系

人工智能、大数据等新型基础设施建设，其根本目的是激发互联网新技术、算法和数据进一步创新应用，形成新市场、新经济、新动能，必然涉及相关信息数据产品和服务的权属、评估、定价、使用和隐私保护等一系列规则，需要加快研究并建立相应的制度规范。要在政府引导下，充分发挥市场机制作用，鼓励电商平台着眼于未来消费场景，服务于消费品质提升，大胆创新，联合第三方研究机构，总结经验形成制度规范，成熟的研究推动形成地区、行业和国家制度规范。

（二）加大生活服务业“新基建”政策的支持力度

生活服务事关人民群众的衣食住行，吸纳就业，是美好生活感受度最直观的方面，整个产业链从田间到餐桌，覆盖一、二、三产业，多个部门参与管理，数字化发展水平极度不平衡。5G 应用、人工智能、数据中心等新型基础设施建设，不仅可以大有用武之地，还可以充分挖掘这一领域的后发优势，有助于提升行业发展水平，进一步扩大内需，增强国际竞争力，具有重要意义。在新的发展阶段，应以“新基建”推进为契机，加大生活服务业领域的投入力度，特别是在先行先试的政策标准体系、科技创新重点专项、产业化示范项目、新技术新产品应用等方面，给予倾斜，发挥政策杠杆效应。

（三）呼吁审慎包容监管的政策制度环境

国家部署、行业重视、企业参与、各类创新主体广泛参与，必将掀起“新基建”推进的理论和实践创新热潮。但这一领域的发展与传统的“铁公基”有着本质差异。“新基建”的技术含量更高，具有强大的融合能力和超越时空能力，信息安全和隐私保护，新技术应用的审批或技术认证等环节，以及模糊地带的执法尺度等，很难沿用传统的监管思路和模式，亟须创新理念，以包容审慎的态度，为“新基建”创造良好发展环境。

（撰稿人：美团点评　徐辉）

专题十一　大数据发展的关键问题研究

大数据是信息化发展的新阶段，它为人们提供了一种认识复杂系统的新思维和新手段，通过数字化丰富要素供给，通过网络化扩大组织边界，通过智能化提升产出效能，对经济发展、社会治理、国家管理、人民生活都产生了重大影响。

一、全球大数据的发展现状与趋势

当前，全球大数据正进入加速发展时期，技术产业与应用创新不断迈向新高度，已成为新时代经济社会变革的重要战略资源。

政策环境层面，各国家和地区大数据战略持续拓展，数据合规要求日益严格。美国和欧盟相继出台《联邦数据战略》与《欧盟数据战略》，提出一系列措施与行动助力美欧扩大其在数据资源方面的战略优势。在拓宽和深入大数据技术应用的同时，各国在数据合规性方面的重视程度越来越高，欧盟《通用数据保护条例（GDPR）》的实施、美国《加利福尼亚州消费者隐私法案（CCPA）》的正式生效带来了全球隐私保护立法的热潮，提升了社会各领域对于数据保护的重视。

产业发展层面，产业生态格局初步形成，未来呈现稳步发展的态势。我国大数据产业在资源、技术、应用等领域涌现出一批新模式和新业态。龙头企业引领，上下游企业互动的产业格局初步形成。随着市场整体的日渐成熟和新兴技术的不断融合发展，未来大数据产业增长将趋于平稳。从细分市场来看，大数据硬件、软件和服务的市场规模也将保持较稳定的增长，但软件与服务之间的差距将不断缩小，而硬件规模在整体的占比则逐渐减小。

技术研发层面，底层技术逐步成熟，融合趋势愈发明显。从 Hadoop、MPP 到 Apache Spark，随着计算框架的不断升级演进，产品应用的逐步分层细化，大数据体系的底层技术框架已基本成熟，技术发展开始向提升“效率”转变。从多样性算力融合提升整体效率、流批处理融合平衡计算性价比、事务与分析融合支撑及时决策、模块融合打造一站式数据能力复用平台到向云上迁移降低技术使用门槛及与 AI 多方位深度融合，技术间的融合已成为大数据发展的重要趋势。

企业竞争层面，具有影响力的国际大数据企业加速整合。Hadoop 巨头 Cloudera 和 Hortonworks 完成合并，在开源大数据领域强强联手。惠普企业（HPE）收购 MapR 的大数据技术、知识产权及多个领域的业务资源。全球企业级 IT 厂商的战争进入了一个新阶段，即满足用户从平台产品到云化服务，再到智能解决方案的整体需求。

二、我国大数据的发展现状与趋势

近年来，我国大数据产业蓬勃发展，融合应用不断深化，数字经济量质提升，对经济社会的创新驱动、融合带动作用显著增强。

政策环境层面，我国大数据政策体系日益完善，各级主管机构陆续成立。我国政府高度重视大数据的发展，自 2014 年以来，中央对国家大数据战略的谋篇布局从预热、起步到落地，再到进一步深化，始终为大数据产业的发展指导着方向。各级地方政府也陆续出台促进大数据产业发展的规划、行动计划和指导意见等文件，并成立大数据主管机构，对各地方的大数据发展进行统一管理，在推进大数据产业发展的同时，也关注产业数字化、政务服务等大数据与行业应用的结合。

技术研发层面，我国大数据技术产品水平持续提升。从产品划分的角度来看，我国基础类技术产品市场成熟度相对较高，在产品功能日益完善的同时，大规模部署能力有很大突破，自主研发意识更不断提高；分析类技术产品发展迅速，满足跨行业需求的通用数据分析工具类产品应运而生，个性化与实用性趋势愈发明显；而管理类技术产品则还处于市场形成的初期，涉及的内容庞杂，但技术实现难度相对较低，随着数据资产的重要性日益突出，我国在这一领域的技术产品还有很大的发展空间。

行业应用层面，“脱虚向实”趋势明显，大数据与实体经济的融合不断加深。随着大数据工具的门槛降低以及企业数据意识的不断提升，越来越多的行业开始尝到大数据带来的“甜头”。无论是新增企业数量、融资规模，还是应用热度，与大数据结合紧密的行业逐步向工业、政务、电信、交通、金融、医疗、教育等领域广泛渗透，应用逐渐向生产、物流、供应链等核心业务延伸。电力、铁路、石化等实体经济领域的龙头企业不断完善自身大数据平台建设，持续加强数据治理，构建起以数据为核心驱动力的创新能力。

三、我国大数据发展面临的问题及对策

当前，我国各地陆续组建大数据局、央企纷纷筹建大数据平台、互联网公司全面进入“DT 时代”、各行业深入推进数据治理与应用，大数据产业发展进入了新阶段。然而，我国在关键技术研发、数据流通与共享、数据隐私与安

全保护等诸多方面还亟待加强。面对问题与挑战，我们提出如下几点建议。

（一）推动核心技术研发，着力突破关键技术

我国对于大数据技术的投入重点应该由基础设施的研发向特色上层应用方面转变。在加大财政资金对关键技术研发创新的引导与扶持的同时，应该重点研发大数据存储管理、分析挖掘、可视化、数据安全以及数据智能分析等关键技术和产品，提前布局自然语言处理、语义理解和机器学习等关键技术，降低对国外技术的依赖程度，构建独立自主的大数据技术体系，形成规模优势，实现数据互联、数据互补、集中分析。

（二）完善数据流通体系，促进大数据交易市场规范化

数据流通不畅是制约大数据发展的关键障碍，目前，我国跨部门、跨行业的数据流通仍不顺畅，有价值的公共信息资源和商业数据还没有充分流动起来。对此，需要建立起完整、规范的数据流通与交易体系，推动行业自律，打造完善、健康、有序的交易产业链条，从交易平台、交易主体、交易对象等多个方面规范交易市场行为。可以逐步按照差异化交易原则，根据不同类型的数据实施“一类一策”，一是针对不同的交易主体、交易模式等，鼓励其根据自身优势、自身发展定位等分类发展；二是针对不同来源的数据、不同类型的数据，尝试制定不同的交易策略和定价策略。

（三）关注数据应用安全，注重个人数据利用与保护

近年来，数据安全和隐私数据泄露事件频发，凸显大数据发展面临的严峻挑战，而我国目前的数据安全管理依然薄弱，个人信息保护仍不断面临着新威

胁与新风险。平衡数据应用与隐私保护，技术上要建立健全网络数据安全管理体系，加强大数据场景下的数据防窃密、防篡改、防泄露、数据脱敏、关键数据审计、流动追溯和数据备份等安全技术的发展和部署，不断提升网络数据技术防护能力；政策上要建立健全个人信息保护、数据安全防护的制度，成立数据管理的专门部门，建立数据管理的行政体系，推动电信和互联网数据管理细则出台，严厉打击非法泄露和出卖个人数据行为。

（撰稿人：中国信息通信研究院　闫树）

专题十二　区块链技术应用重点问题研究

区块链是一种分布式的网络数据管理技术，利用密码学和分布式共识协议保证网络传输与访问安全，实现数据多方维护、交叉验证、全网一致，不易被篡改。作为一种在不可信的竞争环境中低成本建立信任的新型计算范式和协作模式，区块链凭借其独有的信任建立机制，正在改变诸多行业的应用场景和运行规则，是未来发展数字经济、构建新型信任体系不可或缺的技术之一。

一、区块链技术的发展研判

区块链技术当前保持快速发展，在整体底层架构基本稳定的基础上，为进一步寻求技术突破，在共识机制、隐私保护、互操作性、链上存储等不同方面有了新的发展趋势。

（一）多样态共识模式不断涌现

共识算法经历了从信任简单环境逐步转向竞争、非信任的复杂环境，实现了拜占庭容错的系统同步机制，并从开始的能源密集型共识算法逐步向节能高效的共识算法进行跃迁。目前，基于权益证明的共识算法快速发展，得到了业界的广泛重视。当前共识机制仍是技术的发展热点，针对单一共识算法的自身局限性，逐步衍生出并行分片、混合共识、分层网络等研究方向，旨在提高区块链平台的处理效率与系统性能。

（二）隐私保护研究日趋多元

区块链是完全公开的分布式账本，带来公开验证性的同时，账本上的数据面临严重的隐私泄露问题。隐私保护主要分为身份隐私和交易隐私，包括环签名技术、混币技术、同态加密技术、机密交易以及零知识证明等，同时结合多方安全计算、可信计算方案，隐私保护研究日趋全面。

（三）互操作性将成新应用新热点

由于单链聚焦不同的功能特性，在技术实现上各有侧重，导致基于链的上层应用功能较局限。区块链互操作性实现链间特性共享，促进数据与价值的自由流通，可以为上层应用赋能。其发展过程经历了技术方案的不断融合扩展，聚焦场景由简到难。具备区块链互操作性的主流平台大多采用中继的方式，支持同构链的接入互通，采用桥接的方式适配异构链，组成星状的网络架构。互操作性可以促进区块链网络效应规模化，逐渐成为新应用的需求点。

（四）链上存储瓶颈渐受关注

区块链的数据结构采用链式累加方式，存储会随着时间推移而不断扩大，由于缺少收敛性，将面临存储瓶颈。当前从业者渐渐意识到潜在问题的重要性，比如微众银行的 FISCO BCOS，通过降低链上数据可追溯性的效率，动态维护最新状态快照，将旧的数据进行裁剪与删除来实现链上存储可扩展，若需要回溯历史信息，则需要从头执行交易还原历史数据，牺牲区块链的快速可追溯性换取存储可扩展性。

（五）多维度保障区块链系统安全

当前行业持续关注多维度的研究方向来保障区块链系统的安全性，这可以从密码算法、通信协议、工程实现、使用规范等层面进行划分：密码算法涉及哈希算法、非对称密码、签名算法等，也包括用于某些智能合约中的复杂密码算法；通信协议安全主要是指攻击者利用网络协议漏洞可以进行日蚀攻击和路由攻击；工程实现主要是指智能合约编写过程中存在的系统漏洞，也有区块链系统自身源码存在的接口漏洞等；使用规范主要涉及用户私钥的管理、存储和使用安全等。

二、区块链行业的应用现状

（一）赋能数字经济模式创新

区块链作为新型信息基础设施打造数字经济发展新动能。区块链与各行业传统模式相融合，为实体经济降成本，提高产业链协同效率，构建诚信产业环境。从交易信息到去中心化应用，区块链承载的内容越来越丰富，将为各式各样的数字化信息，提供一个可确权、无障碍流通的价值网络，在实现对所有权、隐私权保护的前提下，让更多的价值流动起来。区块链将会成为未来社会的信息基础设施之一，与云计算、大数据、物联网等信息技术融合创新，以构建有秩序的数字经济体系。比如：在产品溯源领域，区块链先试先行，打造一种去中心、价值共享、利益公平分配的自治价值溯源体系；在金融服务领域，区块链将资金流、信息流、物流整合起来实现“三流合一”，有助于提升信任穿透水平，解决中小微企业“融资难、融资贵”的难题。

区块链技术具有重塑中心化金融基础设施的潜力。区块链带来的不仅是技术方面的改良，更进一步引入了新的金融模式和组织形式。如 Facebook 发起的 Libra 项目，其目标是构建一个全球化、分布式可编程的通用底层金融基础设施，这可能对当前金融体系具有颠覆性意义，原因：其一，区块链分布式特征使不同金融市场出现“去中介化”趋势，不再依托于集中化的银行管理，这将可能改变现有金融体系中的支付、交易、清结算流程，降低金融机构之间的摩擦成本，提升执行效率；其二，区块链作为金融科技之一，改变传统金融市场格局，通过高透明、可穿透的数字化资产管理，形成信任的链式传递，加速数字资产的高效在线转移；其三，“智能合约”的发展将使货币可编程，支付能够在特定条件下执行，比如，中央银行可以发行特定用途的数字货币，精确地实施其产业政策，使这些货币只有在进入特定行业时才能被支付。

（二）探索社会治理新思路

政务民生领域重点推进。国务院出台的《关于加快推进全国一体化在线政务服务平台建设的指导意见》指出，要在 2022 年年底前，全面建成全国一体化在线政务服务平台，实现“一网办”。区块链技术可以大力推动政府数据开放度、透明度，促进跨部门的数据交换和共享，推进大数据在政府治理、公共服务、社会治理、宏观调控、市场监管和城市管理等领域的应用，实现公共服务多元化、政府治理透明化、城市管理精细化。作为我国区块链落地的重点示范高地，政务民生领域的相关应用落地集中开始于 2018 年，多个省市地区积极通过将区块链写进政策规划进行项目探索。在政务方面，区块链主要应用于政府数据共享、数据提笼监管、互联网金融监管、电子发票等；在民生方面，区块链主要应用于精准扶贫、个人数据服务、医疗健康数据、智慧出行、社会公益服务等。通过 2018 年的项目试水、政策效果反馈，2019 年各地政府对待区块链的态度更加严谨、务实，聚焦于如何将区块链技术与地方特色相结合，寻找实际落地场景，在服务经济社会发展中发挥作用。

电子存证领域多点铺开。区块链技术具有防止篡改、事中留痕、事后审计、安全防护等特点，有利于提升电子证据的可信度和真实性。区块链与电子数据存证的结合，可以降低电子数据存证成本，提高存证效率，为司法存证、知识产权、电子合同管理等业务赋能。2018 年 9 月 7 日，中国最高人民法院印发《关于互联网法院审理案件若干问题的规定》，承认了区块链存证在互联网案件举证中的法律效力。目前，北京、杭州、广州等在内的全国至少 7 省（直辖市）法院构建了区块链电子证据平台。2019 年 8 月，最高人民法院宣布正在搭建人民法院司法区块链统一平台，目前完成最高人民法院、高级人民法院、中级人民法院和基层人民法院 4 级多省市 21 家法院，以及国家授时中心、多元纠纷调解平台、公证处、司法鉴定中心的 27 个节点的建设，联合 4 级法院共完成超过 1.8 亿条数据的上链存证固证，并已牵头制定了《司法区块链技术要求》《司法区块链管理规范》，指导规范全国法院数据上链。

数字身份领域备受关注。当前各国纷纷加紧对于个人数据管制的同时，数字身份仍存在信息碎片化、数据易泄露、用户难自控等问题，区块链技术凭借其去中心、加密、难篡改等特征，为数字身份的可信验证、自主授权提供一种值得探索的解决方向。据 Research & Markets 预测，全球区块链身份管理市场将从 2018 年的 9040 万美元增长到 2023 年的 19.299 亿美元，预测期内复合年增长率为 84.5%。近年来，科技企业发起的数字身份项目达 200 多个，正在成为行业发展的中坚力量。一方面，IBM、微软等科技巨头积极布局，打造各自的分布式数字身份平台，比如，2019 年初，Facebook 创始人扎克伯格公开表示将考虑建立基于区块链技术的认证系统让用户安全登录；另一方面，以 Civic、uPort、Evernym、Indy、SelfKey、IDHub 等为代表的一批区块链创新创业项目，虽然其技术应用关注点各有侧重，但同样为数字身份发展提供了重要的技术动力。

（三）打造公共服务基础设施

以 5G、人工智能、智慧城市、工业互联网等为代表的新型基础设施，本质上是信息数字化、智能化的基础设施，而数据便是其上流通的基础性战略资源。区块链作为一种创新集成的网络数据管理技术，使得不同源数据的权益性、关联性、完整性、唯一性和一致性能够得到保障，有助于在技术应用上建立健全数据的确权、流通、交易、安全、保护机制，从而实现数字化资产的自由流转。基于区块链的新型公共服务基础设施能作为产业公平可信、智能运作、安全可靠的底层架构。比如，在**智慧城市领域**，区块链可实现信息基础设备间数据信息的快速、高效交换，以及提升信息基础设施协同能力；在数据资源方面，区块链可打破原有数据流通共享壁垒，提供高质量的数据共享保障能力，提升数据管控能力，提高数据安全保护能力。又如，在**智慧能源领域**，区块链将有效支撑多类型能源系统的开放互联和多用户的广泛深度参与，通过共同维护可信任的分布式账本，能够实现未来能源交易中能量流、信息流和价值流的有效衔接。再如，在**智慧交通领域**，已有企业开始尝试将智能网联汽车与区块链结合，打破“数据孤岛”，共享驾驶数据，引进跨行业资源，构建面向智能驾驶汽车的数据市场，同时利用区块链技术提升车辆数据安全共享能力。

三、技术应用发展的制约因素

（一）在社会认知层面，大众争议与行业疑虑蔓延

任何一项具有革命性质的技术出现时，都经历过“反对—追捧—理性”这样一个过程。以目前的形式来看，区块链的发展速度似乎要比互联网更快，因而不可避免地存在乱象、出现泡沫等问题。一边是去杠杆、强监管和资本市场的起伏不定，另一边是假借“区块链”之名进行的非法集资、炒作事件屡禁不止。由此，造成大众对区块链技术的理解并不统一，“币”与“链”的关系饱受争议，区块链科普亟待加强。此外，经历了几年时间的探索后，区块链当前还未出现具有商业意义的大规模用例，业内对于区块链的未来开始出现质疑声音。

（二）在监管环境层面，我国监管需增强政策弹性

为引导区块链技术应用的发展，自 2017 年以来，我国出台了一系列针对加密数字货币的监管政策，迅速扼制了假借区块链名义开展的非法金融活动，净化了市场环境，监管层面取得显著效果。与此同时，我国的监管政策需进一步增强弹性，有效监管与合理引导并重，权衡好风险管控与鼓励技术创新二者之间的关系。

（三）在技术应用层面，大规模推广落地尚存难点

一方面，区块链技术在系统稳定性、应用安全性、业务模式等方面尚未成熟，对上链数据的隐私保护、存储能力等均提出要求。另一方面，加入区块链

系统需要对原有业务系统进行改造，初期可能产生更高的成本，且客户对于新的技术应用需要一段适应期，短期内市场规模有限，市场潜力还需进一步挖掘。此外，由于许可牌照、投资要素、运行流程等与现有体制机制存在冲突，类似跨境支付、贸易金融等合资共建项目在我国难以找到多方共赢、合法合规的落地模式，区块链技术从试点到大规模应用落地仍需相当长的时间。

（四）在人才培养层面，区块链专业人才相对稀缺

区块链技术是一门多学科跨领域的技术，包含了操作系统、网络通信、密码学、数学、金融、生产等，我国目前在交叉学科方面尚有不足。区块链底层系统架构设计人才需要掌握多项交叉学科的专业技能，并要深入理解底层设计原理，兼备系统架构设计的经验，更要懂得应用场景的具体业务逻辑，可谓“一将难求”。《2018 年区块链人才供需与发展研究报告》显示，在投递简历的求职者中，真正具备区块链相关技能和工作经验的存量人才仅占需求量的 7%。当前高校课程和社会专业培训课程体系相对落后，课程内容偏向于知识科普与产业应用指导，并未开设具有专业性和延展性的区块链专业课程。

四、区块链的发展建议

（一）多方协同推进，加强关键技术研究

区块链技术突破及与其他新一代信息技术创新融合，需要包括政府、链条各参与方、技术提供方等在内的利益相关方共同参与、推动平台建设，以及进行信息共享等系列行动。为此，需着重以下方面的工作推进：一是密切关注国内外技术发展动态，加快推进包括共识机制、密码学、互操作、隐私保护等在

内的核心关键技术研发，开展产品开发和集成测试，适度推进标准制定；二是支持和培育开源软件，构建软硬件协同发展的生态体系；三是搭建基础研究和交叉学科研究的创新平台，培养学科交叉、知识融合、技术集成的复合型人才；四是建立健全高校、研究机构、行业协会、智库等的协同推进机制，加强在技术攻关、瓶颈突破、标准制定等方面的协调配合。

（二）以点带面探索，优化产业发展环境

引导社会公众理性看待区块链技术的价值与作用，充分发挥区块链技术在建立信任关系、提高协作效率、促进数据共享、提升政府穿透式监管能力等方面不可替代的作用。对此，可优先选择国计民生重点领域，组织开展区块链应用的先导示范，培育行业龙头、领军企业和产业生态。结合良好应用案例示范，面向全国推广应用落地经验，加快区块链应用真实落地。推动区块链技术与实体经济深度融合的同时，避免出现“一哄而上”的现象，注意防范因为区块链应用可能引发的对传统机构管理、商业运营等模式的冲击，以及操作陷阱、技术垄断等潜在风险。促进区块链相关媒体声音的正本清源，营造行业风清气正的氛围，为区块链等颠覆技术营造良好的传播环境。

（三）选择重点领域，有序推进行业应用

组织开展面向普惠金融领域的区块链技术应用示范，在跨境支付、票据管理、保险、供应链金融、数字资产等细分领域形成自主可信的解决方案，打造一批安全可信、可验证推广的典型案例，培育龙头企业，并鼓励企业走出去积极参与国际标准化工作。深入实践区块链对于实体经济领域的赋能作用，结合传统行业已有产业优势和发展基础，在农业、能源、工业、物流等细分领域以

产品溯源、确权认证、供应链管理等方向为突破口，开展行业应用专项试点示范，提升区块链技术的行业应用水平。重点推进区块链在政务民生领域的试点落地，选择政务数据共享、司法存证、数字身份、公益服务、智慧城市等细分领域开展区域性示范工程，形成具有高安全、易操作的应用示范平台，培育形成社会治理和服务管理新模式。积极探索区块链与其他新一代信息技术融合，围绕大数据、人工智能、云计算、5G 等新兴技术领域，加速技术融合，支持在产业基础条件好、示范效应强的领域组织开展新一代技术融合应用试点示范工作。

（四）近期远期结合，开展审慎包容监管

一是研究制定鼓励区块链技术健康发展的相关政策，从政策层面做好产业体系化布局，在坚决打击恶意违法行为的同时，给新兴技术一定包容发展的空间。二是深入研究区块链对个人信息保护、数据跨境流动、支付清算结算等方面的影响，探讨区块链在底层核心技术、中层应用逻辑和上层信息管控等方面的监管问题。近期来看，研究制定鼓励区块链技术健康发展的相关政策，一是选择政务数据共享、普惠金融等重点领域，组织开展区块链应用的先导示范；二是运用区块链技术提升人民币国际清算、结算地位。远期来看，一是掌握数字技术主导权，加快推进数字技术研发；二是加快数字金融制度建设，抓紧建立专业化的数字金融技术应用审核和验证体系。

（撰稿人：中国信息通信研究院　张奕卉）

专题十三　车联网，新一代信息基础设施的关键问题思考

车联网是汽车、电子、信息通信、交通运输和交通管理等行业深度融合的新型产业形态。蜂窝车联网（C-V2X）无线通信技术作为关键使能型技术，将有助于构建“人—车—路—云”协同的车联网产业生态体系。国外发达国家已经在国家层面进行顶层设计，将车联网视为战略性新兴产业，在国家战略、法律、规划、标准等多个层面布局。我国政府高度重视车联网产业发展，提出了建设“制造强国、网络强国、交通强国”的战略发展目标，各级政府部门积极响应，从出台产业指导政策、加快基础设施建设、推广应用示范等多个方面加快部署，在车联网技术研究和产业发展上也取得了积极进展。随着 5G 商用元年的开启，加快推进 C-V2X 技术创新和产业化成熟，不仅有利于我国车联网的发展，还有利于加快 5G 在我国的部署应用。

一、欧美战略布局，政策利好 C-V2X 发展

（一）产业各方联合推动美国政府为 C-V2X 分配专用频率

美国通过持续出台智能交通系统战略规划，促进车联网的可持续发展。《ITS 战略计划 2015—2019》明确了智能交通领域的发展方向，确立了汽车的智能化、网联化的核心。该战略计划聚焦两大发展主题：实现网联汽车，推动网联汽车进入实质性应用阶段；推进自动化驾驶，采用相关技术推进车

辆的自动驾驶与无人驾驶。此外，美国注重人工智能、大数据等数字化手段对基础设施的赋能。《国家人工智能研发战略计划：2019 更新版》明确了美国将持续在基础人工智能研究上长期投资的战略，且重点指出建设强大的智能交通系统。

在美国，高通、福特等公司明确支持 C-V2X 技术路线。2017 年起，高通和福特为了测试 C-V2X 在改善汽车安全、自动驾驶和交通效率方面的潜力，针对通信范围、非视距通信性能、抗干扰能力等牵头开展了一系列试验评估，并最终验证了 C-V2X 的技术优势。随后，高通、福特、戴姆勒（北美）、大众（美国）、宝马（北美）、捷豹路虎、美国本田、奥迪、特斯拉、T-mobile、英特尔、诺基亚、爱立信、三星（美国）、HAAS Alert、InterDigital、松下（北美）等多家汽车、信息通信企业，联合推动 5G 自动驾驶联盟（5G Automotive Association，5GAA）向美国联邦通信委员会（Federal Communications Commission，FCC）提出申请，希望取得在 5.9 GHz 频段开展 C-V2X 试验和应用的行政许可。2019 年 11 月 20 日，FCC 主席阿吉特·帕伊公开发表评论，提议划分 5905～5925MHz 共计 20MHz 频段（与我国一致）用于 C-V2X 技术。2019 年 12 月 12 日，FCC 在公开会议上正式投票，一致通过了阿吉特·帕伊的提案，确定对 5.9GHz 频段的分配进行重新研究。

（二）欧洲产业支持 C-V2X 技术路线选择

欧盟委员会认为网联和自动驾驶是欧洲的一个新机遇。随着车辆的自动化程度和连接性的提高，移动出行正在跨越到一个新的阶段，并且能够实现车辆与道路基础设施及其他道路使用者的“沟通”，将助力构建以汽车为核心的新型数字生态体系。未来，自动驾驶和网联汽车的新市场将呈指数级增长，预计到 2025 年，欧盟汽车行业的收入将超过 6200 亿欧元，欧盟电子行业的收入将超过 1800 亿欧元。因此，自动驾驶和网联汽车可以支持欧盟打造更强大、更具竞争力的产业规模，创造新的就业机会，促进经济增长。同样，《增强欧盟未来工业的战略价值链》报告指出以大数据、人工智能等新技术为驱动的创新型市场主体正在改变传统工业价值链，将逐步发展出全新的工业生产方式和市场模式，并将“清洁网联自动驾驶汽车（Clean, Connected and Autonomous Vehicles，CCAV）”列入欧盟的关键战略价值链，认为该项目在增强欧洲经济和创新实力、保持欧洲的技术和市场竞争力、维持就业稳定以及提升关键使能技术的教育储备 4 个方面具备巨大的潜力。

5G 自动驾驶联盟、全球移动通信系统协会、欧洲电信运营商协会、全球移动供应商协会等 ICT 和汽车领域的产业组织纷纷支持 C-V2X 和 5G 技术在欧洲的发展。此外，宝马和德国电信于 2019 年 4 月 14 日写信敦促德国政府采取行动支持 C-V2X。2019 年 7 月 4 日，欧洲理事会通过投票否决了对于技术路线的限定，欧盟车联网技术路线的博弈仍将持续，但为 C-V2X 产业发展空间争取了宝贵时间。

二、我国车联网 C-V2X 发展取得积极进展

（一）我国政府和产业界始终坚定支持 C-V2X 技术路线

2017 年 9 月，工业和信息化部牵头 20 部委在国家制造强国建设领导小组的指导下成立了车联网产业发展专项委员会，跨部门协调车联网以及 C-V2X 产业发展过程中的重点问题。2018 年以来，工业和信息化部等有关部门陆续发

布了《车联网（智能网联汽车）产业发展行动计划》《车联网（智能网联汽车）直连通信使用 5905～5925MHz 频段管理规定》《国家车联网产业标准体系建设指南》等政策文件，在上海市、长沙市、成都市、北京市等 10 个地区建设车联网示范区或测试基地，支持江苏（无锡）和天津（西青）通过创建国家级车联网先导区推动 C-V2X 规模应用和商用发展。新年伊始，国家发展改革委员会等 11 个部委印发了《智能汽车创新发展战略》，以中国标准智能汽车为发展方向，以智能汽车强国为建设目标，进行了六大方面的任务部署，提出到 2025 年，智能交通系统和智慧城市相关设施建设取得积极进展，车用无线通信网络（LTE-V2X 等）实现区域覆盖，新一代车用无线通信网络（NR-V2X）在部分城市、高速公路逐步开展应用，高精度时空基准服务网络实现全覆盖。另外，IMT-2020（5G）推进组成立了 C-V2X 工作组，促进 C-V2X 技术研究、试验验证、产业化与应用推广等工作；汽车、智能交通、通信及交通管理 4 个标委会达成 C-V2X 标准合作共识，我国 C-V2X 政策和产业环境逐渐完善。

（二）车联网产业链主体日益丰富，核心芯片和产品研发基本成熟

一是芯片模组已经成熟，大唐、华为、高通、移远、芯讯通、Autotalks 等企业已对外提供基于 LTE-V2X 的商用芯片模组。二是软硬件设备已具备成熟商用基础，华为、大唐、中国移动、金溢、星云互联、东软、万集等厂商已经可以提供基于 LTE-V2X 的车载单元（On Board Unit，OBU）、路侧单元（Road Side Unit，RSU）硬件设备以及相应的软件协议栈，车载终端和路侧设备已具备商用基础。

（三）产业接受程度逐步提升

一是整车企业接受度达到较高水平，上汽、一汽、福特、通用、吉利等主机厂逐步开发 V2X 相关产品，大力推动新车的联网功能。2019 年 3 月，福特宣布首款 C-V2X 车型 2021 年量产；2019 年 4 月，上汽集团、一汽集团、东风公司、长安汽车、北汽集团、广汽集团、比亚迪汽车、长城汽车、江淮汽车、东南汽车、众泰汽车、江铃集团新能源、宇通客车 13 家车企共同发布 C-V2X 商用路标，2020 年下半年至 2021 年上半年陆续实现 C-V2X 汽车量产。整车企业对 C-V2X 的接受程度越来越高，汽车产业具备了较好的产业推广环境。二是交通行业将其作为新技术选择，交通运输和交通管理行业的主管部门、科研机构和企业等纷纷表达了对 LTE-V2X 技术的支持，并在延崇高速、无锡示范区等进行试验，但在具体设备产品应用和规模化示范中的实际推动工作还较少，仍然存在一定的不确定因素。

（四）功能、性能等测试验证工作已阶段性完成

中国信息通信研究院等跨行业各方协作完成了实验室和小规模外场环境下的 LTE-V2X 端到端通信功能、性能和互操作测试，试验结果满足 3GPP 标准的性能指标要求。IMT-2020（5G）推进组 C-V2X 工作组等在 2018 年和 2019 年分别组织开展了 C-V2X“三跨”“四跨”互联互通应用示范。“三跨”组织了 3 家通信模组厂商、8 家终端提供商、11 家整车企业；“四跨”组织了 11 家通信模组厂商、28 家终端提供商、26 家国内外整车厂商、6 家安全厂商和位置服务提供商共同参与互联互通示范。两次互联互通示范验证了我国标准全协议栈的有效性，证明了相关模组、终端、整车企业已经做好了规模化测试试验技术准备。

此外，IMT-2020（5G）推进组 C-V2X 工作组开展多接入边缘计算（Mult-access Edge Computing，MEC）与 C-V2X 融合业务平台能力与接口研究，推动构建标准化的 MEC 车路协同解决方案，为城市级大规模测试验证奠定了基础。

（五）应用示范，促进车联网基础设施应用部署

国内各示范区正在加快部署 C-V2X 网络环境，全国已建立和规划建设 C-V2X 路侧单元 1000 余台，北京市、长沙市、上海市、重庆市等建成了覆盖测试园区、开放道路、高速公路等多种环境。此外，无锡、北京、上海、广州、雄安、重庆、长沙、宁波、盐城等城市积极构建 MEC 与 C-V2X 融合验证环境，在路侧和网络边缘部署集感知、计算、通信于一体的车路协同应用平台，探索 MEC 与 LTE-V2X 及 5G 融合创新的示范应用。江苏省无锡市作为工业和信息化部最早支持创建的车联网先导区城市，已对主城区 170 平方千米道路进行了升级，在 400 个交通路口实现交通灯信号广播。北京市、上海市、长沙市、重庆市、广州市等规划开展大规模部署。北京市计划在 500 千米的道路部署 LTE-V2X 网络；广州市计划在 2019 年建设 20000 个 5G 基站，在超过 700 千米的道路部署 LTE-V2X 网络。长沙市计划对湘江新区 113 千米高速公路和 135 千米城市道路进行升级，实现 LTE-V2X 与 5G 网络全覆盖。

三、下一步工作考虑

全球车联网产业正处于加快部署的关键时期，我国基于国情确定了智能化与网联化同步推进的发展思路。车联网产业的发展正在稳步推进，但也面临着路侧基础设施的建设分工不明确、交通设施智能化改造缓慢、车载终端汽车装

载率不高等问题，仍然需要产业界各方在跨行业协同、模式创新和开放合作等方面付出更多努力，共同推动我国 5G 与车联网的融合创新发展，带动和影响形成全球广泛认同。

一是要进一步加强跨部门、跨行业协同。我国 C-V2X 产业整体已步入深水区，面临跨行业技术融合、数据互通和应用推广等难题，需要各部门、各地方持续发力。要持续发挥车联网专委会的部际协调和产业引领作用，总结跨部门合作与部省联动的工作经验，鼓励各地方政府结合各地实际情况，组建车联网联合工作小组，形成高效的协同机制，推动开展跨行业、大规模的技术验证与应用示范等重点任务。

二是加大 C-V2X 及道路智能化基础设施建设。车联网已成为国家新一代信息基础设施，国家要鼓励各地方规模化建设 C-V2X 及道路智能化基础设施，在开放道路上构建覆盖“路侧—网络边缘—云端”的 C-V2X 系统环境，为数据融合与应用推广打好基础。要将基础设施建设升级与 5G 基础设施建设、智慧城市、智能交通基础设施部署以及交通管理信息化改造等工作统筹开展，发挥边际效应，降低建设成本，优化建设模式。

三是持续探索模式创新。车联网产业发展仍然需要在建设主体与运营模式、商业模式、安全管理模式等方面持续开展创新与探索。要进一步加强支持创建国家级车联网先导区等工作，通过构建产业试验田，有效促进地方政府和企业密切合作，探索形成可持续的建设运营模式、持续稳定的商业模式以及巩固的安全管理模式，并向全国其他地区进行推广，最终形成科学、合理、统一的解决方案，确保我国 C-V2X 产业的健康、可持续发展。

四是完善国际合作的产业生态。现阶段是深化国际交流合作、构建良好的国际产业生态的关键时期。我们要充分利用好中德、中欧、中日等双、多边合作机制，加强中外在技术创新、测试验证和应用示范等方面的务实交流与合作；要“引进来”与“走出去”并重，将中国方案推广成为国际广泛共识，也要接纳全球领先企业深度参与我国车联网产业发展中来，形成开放包容、合作共赢的良好格局。

（撰稿人：中国信息通信研究院　葛雨明）

专题十四　5G 赋能未来交通

继“以加强 5G、人工智能、工业互联网、物联网等为核心的新一代信息基础设施建设（简称新基建）”被写入 2019 年政府工作报告。2020 年 3 月，中共中央政治局也在会议中明确指出加快“新基建”的建设进度，进一步升级信息数字化的基础设施。智慧交通是“新基建”的核心。大力发展智慧交通，加快交通运输的数字化、网络化、智能化转型，是《交通运输信息化“十三五”发展规划》和《交通强国建设纲要》中提出的明确要求。

2020 年 3 月 24 日，工业和信息化部发布《工业和信息化部关于推动 5G 加快发展的通知》，其中明确提出“促进‘5G+车联网’协同发展”，结合 5G 商用部署，提前规划，推动 5G、LTE-V2X 纳入智慧城市、智能交通建设的重要通信标准和协议。随着 5G 技术的日益成熟，C-V2X 技术将迎来更为广阔的应用前景。

一、5G+技术助推规模性产业变革

5G 网络数据传输高速率、低时延的特性，为引入网络功能虚拟化、边缘计算、网络切片、服务化架构等新兴技术提供了通信技术支撑。随着“新基建”的大力倡导，5G 发展再次迎来高光时刻，以新一代通信技术为基盘的 5G+新经济形态也正在加速构建。5G 网络技术的融合应用仍处于探索初期，但毫无疑问，速度更快、效率更高、覆盖更广、智能化水平更高的网络，将带来包括制造业、医疗、教育、交通、消费等领域的规模性应用变革，形成 5G+新型应用产业生态系统。

二、5G 全面赋能“实时”智慧城市

（一）5G+智慧城市

随着城市化进程的不断演变和城市人口规模的不断扩张，现代城市出现了各种各样的“城市病”，无法满足居民对美好生活的需求。智慧城市通过大数据算法，渗透至城市肌理，无所不在，在城市监测、治理等方面具有可持续性、可预测性、宜居性的特点，为城市未来发展带来无限可能。智慧城市的概念兴起于西方，既是“城市病”的治病良方，也是世界对未来城市的共同愿景。经过 20 多年的发展，智慧城市已从 21 世纪初期的技术驱动 1.0 版本，演化到政府主导的 2.0 版本，以及今天的社会共建智慧城市 3.0 版本。目前，全球范围内已启用的智慧城市项目已经超过 1000 个，其中英国伦敦、西班牙巴塞罗那、韩国松岛、巴西里约热内卢、加拿大多伦多等国家的核心城市都在智慧城市方面交出了不俗的答卷。智慧城市的核心特点之一便是对城市多维数据实时捕捉、监控与展示，为此，有学者一度将智慧城市称为实时城市。5G 作为最新一代蜂窝移动通信技术和全球科技革命中的引领性技术，其超高速率、超低时延、超大连接特性对智慧城市建设产生巨大的影响。以其为基础的泛在传感网络实现智慧城市万物智联，人、机、物深度融合发展；同时，其与云计算、大数据、人工智能以及物联网等为代表的新一代信息技术的深度融合，并根据末端应用场景灵活配置网络资源，满足智慧城市对网络差异化的需求，成为支撑城市发展的重要毛细血管，为智慧城市赋能。

（二）5G+智慧交通

七大“新基建”包括5G基建、特高压、城际高速铁路和城际轨道交通、充电桩、大数据中心、人工智能、工业互联网。由此，智慧交通既是“新基建”的核心，也是发展智慧城市中最重要、最直接、最有力的一环。2019年，我国智能交通管理系统行业市场规模已超过800亿元。如今5G商业化应用已经逐渐展开，智能交通领域或将率先取得全面突破。城市交通错综复杂，蕴含着海量繁杂的信息和庞大的数据量，统一的中心云平台在时延、效率等方面都较难满足需求。通过在路侧布设边缘云设施，采集的数据可以就近在本地完成处理和传输，大幅降低时延。网络切片技术则可将5G物理网络按照不同业务需求划分为多个虚拟网络，以灵活应对不同的应用场景。在城市智能交通管理系统方面，随着5G的发展，路面和车辆传感信息和轨迹信息将更高效地汇聚传输，结合先进的大数据和人工智能技术被注入城市交通管理系统，全面赋能城市交通，做到真正的交通要素全息感知、精准分析模型预测和交通一体化协同指挥；更高质量地参与城市交通体量规划，优化城市交通治理，缓解治理拥堵，提升城市安全水平、绿色通行指数，提高城市应急管理能力、重大事件预案和指挥调度能力等；促进交通发展模式“从交通各行业的独立运行向综合运输协调”转变，形成一体化、智能化的综合交通指挥支撑体系，为公众出行、企业运营、政府管理决策提供支持。

5G的发展同时带动汽车产业链升级，推动汽车产业迎来智能化、网联化、电动化、共享化新变革。车路协同赋予道路基础设施智能感知和通信能力，通过道路上部署的激光雷达、摄像头等感知设备，获取道路实时状态信息，并通过V2X技术与所有联网的车辆或交通参与者进行信息交互与共享，“超视距”

拓展车辆感知范围，提升交通安全与效率。同时，所有信息都可以上传到云平台实现实时监管和控制，赋能城市交通管理，加速自动驾驶商业落地。

中国多个一二线城市在智慧交通领域已经走在了时代前列，以济南为例，济南交通大脑（一期）以“互联、共享、智能”为建设理念，以济南市交警现有业务信息平台为基础，深化互联网、人工智能、深度学习等前沿技术在交管业务中的应用，全面融合城市交通数据，感知城市交通运行态势与内在规律机理；充分提升业务应用系统，强化交通态势管控、智能监测预警、智能指挥调度、智能设施和监管等业务创新应用；提供一站式、全链条交通信息发布，实现全域城市运行感知、超维业务研判、精准决策评估、全量信息发布，打造具有闭环控制架构且自学习成长的济南交通管理生态系统。

（三）5G+智能网联汽车

我国的智能网联汽车产业仍处于初期培育阶段，主要车辆制造商仍关注于可短期量产的L2、L3级别的自动驾驶技术研发与投入，专注于L4及以上高级别自动驾驶技术的多为互联网企业，较为突出的初创企业代表有滴滴、小马智行、Autox等。由于研发成本较高，企业往往采取小规模车队道路测试的方式进行技术迭代，尚未开展规模化车队的测试验证。V2X技术目前仍处于标准建设的初期，规模组网验证尚需时日。5G技术商用推进处于起步阶段，因此，5G与V2X的结合仍旧有很长的一段路要走。

V2X技术将成为单车智能的有效且必要的补充。与欧美国家相比，我国在通信领域具有先发优势，互联网普及范围广，公众接受度高，同时结合我国“集中力量办大事”的体制优势，抢先推进技术研发和场景应用、打造核心竞争力、掌握核心自主知识产权在当前具有高度的战略意义。我国已经有较为成熟的产业链布局，海康、华为等企业在 V2X 领域纷纷布局路端及车端设备的研发及生产，积极与车企、通信运营商等开展合作，探索商业化路径。而自动驾驶公司目前主要在系统集成上发力，希望推动实现车路协同与单车智能的数据融合，并与城市交通大脑组合，形成车—路—云—管—端的智能交通体系，为更快实现无人驾驶铺平道路。

三、思考与建议

智慧交通是近年来全球科技信息产业高速发展下的新兴产业，也是实现智慧城市建设中最核心、最先行、最易见效、最能提升居民生活幸福感的重要环节。为了促进智慧城市的蓬勃发展，建设更绿色、更智慧、更便民的交通出行体系，一是要加强政府部门基础数据采集建设，对涉及不同交通相关部门的多维数据融合提供政策支持，增加自己的数据采集能力，建立交通数据信息一张网，同时建立与企业的数据联动机制，引导一些企业参与数据采集建设，让企业数据为政府所用。二是对大数据驱动的创新监管和政策辅助保持开放态度，将建设城市交通监管信息化系统纳入战略优先地位；在智慧交通上层应用方面，把互联网企业与政府能力相结合。

（撰稿人：滴滴出行　西京京　赵兴华　薛馨　石流）

专题十五　聚焦网络与数据安全治理

一、全球网络与数据安全现状

（一）全球突发公共卫生事件引发广泛恐慌，网络安全形势严峻

自 2020 年 1 月以来，全球与之相关的域名注册数量激增约 4000 个，钓鱼攻击、垃圾邮件和恶意软件活动猖獗，世界卫生组织（WHO）已经频遭黑客攻击。2020 年 2 月，国家信息安全漏洞共享平台（China National Vulnerability Database，CNVD）收集各类安全漏洞 2308 个，与前 12 个月平均收录数量 1349 个相比处于高位，其中高危漏洞 906 个，与前 12 个月平均收录数量 413 个相比也处于高位。

（二）关键基础设施屡遭重大网络攻击，助推网络安全攻防战争升级

2019 年至今，网络攻击的重点目标转向各国市政、能源、金融医疗等重点领域，美国、西班牙、马耳他、委内瑞拉、格鲁吉亚和朝鲜等国接连中招，对国家安全、经济发展和社会稳定造成巨大冲击。面向各国关键基础设施的网络攻击呈现出专业化、工具化、规模化的特点，攻击手段灵活多变，攻击类型从短时、突发攻击向高级别、持续性攻击转变。

（三）数据泄露事件频繁发生，现有数据安全保障能力不足

2019 年至今，全球公开渠道报道的数据泄露事件高达 50 起，泄露的数据

量级动辄上亿，且维度多元、颗粒度细，受影响的用户数量难以计数，严重侵害用户的合法权益。这说明网络运营者的数据安全防护能力较弱，体现在数据安全人才缺失，关键核心技术攻关和产品化不足，多方安全计算、同态加密、数据血缘等技术滞后于现实需求。恶性数据泄露事件不仅使企业蒙受巨大经济损失，还会使用户丧失对网络信息服务的信任，影响用户市场需求及其对新技术、新业务的预期，进而导致数字经济发展放缓、创新乏力。

（四）大国网络空间竞争加剧，新兴前沿技术安全成焦点

近年来，以美国和法国为代表的国家纷纷制订网络空间威慑策略，捍卫数字主权，强调利用网络威慑力保持网络空间优势。多国将大数据视为强化国家竞争力的关键因素之一，通过政策立法把大数据研究和生产计划提高到国家战略层面。

（五）全球安全产业规模稳步增长，产业环境持续优化

面对日益严峻的网络安全形势，各国从多方面强化网络安全能力，深化国际合作，夯实产业基础，加速推动网络安全产业发展。IDC 预测 2019—2023 年，全球网络安全相关支出将实现 9.44%的复合年均增长率，预计 2023 年将达到 1512.3 亿美元。相较而言，我国网络安全市场发展迅速，当前已成为继美国后网络安全支出的第二大国，增速领跑全球网络安全市场，IDC 预测我国网络安全市场规模在 2023 年将增长至 179.0 亿美元。我国网络安全产业发展政策环境不断优化，网络安全相关立法和重要制度稳步推进；产业生态环境不断优化完善，北京、天津、湖北、山东、重庆、四川等地网络安全产业园区建设加快；网络安全国际合作持续深化，部分企业海外扩展取得成效，产业规模持续高速增长。

二、网络数据安全的发展趋势

（一）各国加强网络安全顶层设计，全球数据安全立法及监管实践将进入活跃期

继《通用数据保护条例》正式实施引领全球个人数据保护规则升级之后，欧盟于 2020 年 2 月出台了数据新政，概述了未来 5 年在人工智能、数据治理、网络安全等领域的政策走向和立法计划。欧盟意图通过掌握技术主权，兼顾数据安全与共享应用，提升数据经济竞争力，助力欧洲完成数字化转型。与此同时，美国也通过立法保护和政策引领助力本国网络安全和数据保护升级，先后发布《2019 网络威慑与响应法案》识别关键网络威胁主体及相应的制裁措施，更新《国家人工智能研发战略计划》，进一步完善人工智能风险评估系列标准，出台《国防部数字现代化战略》，以大数据平台建设为载体提升国家网络安全能力。2020 年 1 月 1 日，《加州消费者隐私法案》（CCPA）正式生效，进一步提升消费者数据权利保护，未来不仅可能通过溢出效应促成美国联邦和各州隐私立法保护升级，还将重塑加州数据交易行业和美国消费者个人隐私保护意识。我国也在加速完善数据保护法律体系，推动《个人信息保护法》和《中华人民共和国数据安全法》的制订，着手解决数据确权、利益分配和数据治理等难题，研究形成兼顾发展诉求的国家数据资源保护理念，力求构建多方参与的数据治理生态。

（二）5G 新技术和新应用带来新的网络安全挑战，安全保障成为产业角逐关键

网络功能虚拟化（Network Functions Virtualization，NFV）、网络切片技术、网络能力开放、边缘计算技术、异构接入和多样化终端等新技术为 5G 带来新的

安全挑战。对此，美国、欧盟、韩国、日本等相继开展5G网络风险评估，出台5G安全政策。我国将进一步聚焦行业应用安全和部署运维安全，针对5G产品推动GSMA和3GPP网络设备的安全保障体系，建立我国5G设备安全评估认证要求和执行方法，促进形成全球统一的5G安全评估认证体系。同时，我国持续强化5G安全运维能力建设，结合5G实际建设情况，开展5G安全域规划、云化基础设施安全运维、安全能力开放、安全监控体系建设、安全漏洞收集及修复等。

（三）人工智能深度伪造应用安全威胁加剧，多方参与的全方位治理模式亟待构建

当前，网络安全与人工智能等新兴信息技术加速融合，基于人工智能的深度伪造恶意应用导致大量高逼真度的虚假图片和音视频信息出现，自动识别难度较大，为网络攻击提供新的技术手段，对网络安全、社会安全和国家安全构成威胁。美欧各国已充分认识到深度伪造虚假音视频的危害性，通过推进国家立法、加强企业管理、研发检测工具等措施积极予以应对。我国正在加大对深度伪造应用的安全监管，针对当前识别技术的不足，通过法律法规约束、平台责任落实、社会公众监督等，构建多元主体共同参与的全方位治理模式。

三、网络数据安全治理的对策建议

（一）健全国家数据治理和数据安全顶层设计

统筹实施大数据战略，推动互联网、大数据、人工智能和实体经济深度融合，助力大数据技术产业生态发展。整合信息资源库，布局国家大数据平台和数据中心。加快推动出台《中华人民共和国数据安全法》《个人信息保护法》，

完善重要数据保护、数据出境安全管理等相关制度。从制度机制、技术手段和产业发展 3 个方面健全网络数据安全保障体系，强化数据安全标准体系建设。

（二）完善数据全流程安全监管

坚持数据分级分类管理原则，明确企业数据安全主体责任，促进数据有序合理流动和使用。建立数据全流程闭环管理机制，推动事前备案和风险评估，明确事中监督和常态化管理，加强事后追责和泄露报告。促进数据安全产品、合规性评估等第三方产品和服务供给，构建高效流畅的安全监管体系。

（三）创新网络安全技术能力

通过虚拟化安全、智能编排、零信任等技术手段，对内构建高安全、可信任的安全内核，对外促进自动化、智能化的安全能力耦合，打造新一代信息通信基础设施安全保障硬实力。持续强化数据互通共享能力，打通技术和经济社会发展通道，有效推动先进技术走向市场，形成研发投入与市场回报的良性循环。大力推进数字应用，培养数字化专业人才，建设科技强国。

（四）深化安全领域国际化合作

我国积极参加 ISO/IEC JTC1/WG9 大数据国际标准化组、ISO/IEC JTC1/SC32 数据管理和交换标准组、ITU-T SG13 和 ITU-TSG17 工作组等标准化工作，争取主导数据安全有关标准制定，提升中国标准的国际影响力。

（撰稿人：中国信息通信研究院　杨春白雪　杨红梅
卢丹　张琳琳　戴方芳　周杨）

专题十六　信息通信业在抗击疫情和助力复工复产中的贡献

2020年春节期间爆发的新型冠状病毒肺炎疫情，是中华人民共和国成立以来传播速度最快、感染范围最广、防控难度最大的一次重大突发公共卫生事件。疫情发生以来，信息通信业作为全面支撑经济社会发展的战略性、基础性和先导性行业，在做好自身防控和复产工作的同时，积极发挥行业技术优势，加大通信保障力度，优化信息通信服务，在支撑全社会抗击疫情和助力复工复产过程中发挥了重要作用。

一、鼎力支撑疫情防控

面对疫情，信息通信业全面启动应急响应机制，保障通信网络和信息服务的高效畅通，为抗击疫情做出了积极贡献。

（一）力保全国尤其是抗疫重点场所通信畅达

坚守基础和重要岗位，保障网络设施平稳运行。我国宽带网络规模和性能已在全球领先，疫情期间仍克服困难，新建4G和5G基站6.3万个，进一步提升网络能力。工业和信息化部、各地通信管理局和各级基础电信企业坚持24小时应急值守，截止到3月下旬累计投入通信保障人员35.7万人次、各类保障车辆17.4万辆次，努力实现了网络不堵、服务不断、性能不降。

启动应急通信能力，有力支撑重要场所通信需求。全面启动应急响应机制，以最短时限迅速完成了武汉火神山、雷神山等定点医院、疾控中心等重点场所的网络部署和通信保障任务；通过基于 5G、卫星等技术的应急通信车、便携应急装备，支撑临时和基层医院开展远程医疗；采用应急通信调度技术，支撑防疫应急指挥现场工作。

（二）为疫情研判和精准防控提供大数据分析利器

发挥行业优势，强化疫情溯源数据支撑。利用大数据等新技术手段，统计全国特别是重点地区、重点人群和重点时段的人员流动情况，发挥网络大国、全程全网优势，并与卫健委等部门建立疫情通信大数据共享机制，为全国疫情防控持续提供动态人员流动信息，助力各地联防联控部门精准施策。

加强协同联动，提升疫情监测预警能力。组织行业专家紧急建立疫情通信大数据分析模型，及时对相关地区发出疫情态势预警，持续提升疫情防控决策的科学性；同时，加强跨网系统分析能力建设，实现 3 家基础电信企业的大数据跨网统筹；加强部门联动和信息共享，提升联防联控支撑效能。

（三）针对疫情下的特别需求提供便民服务和远程信息服务

开展便民服务，支持疫区和防疫人员。在疫情较严重的地区开展免停机、紧急开机等便民服务，为用户足不出户办理电信业务提供便利。部分地区主动对接卫生防疫部门，对赴武汉支援的医护人员进行话费减免；组织基础电信企业发送疫情防控公益短信超过 1300 亿条，有效支撑各地防控工作。

提供在线服务，助力疫情下的生产生活。基础电信企业和互联网企业纷纷发挥各自优势，向社会和广大群众提供线上诊疗、电商平台、远程办公、在线教育、在线数字内容等服务，解决生活难题，丰富宅家生活，助力“停工不停产、停课不停学”，为抗击疫情做出积极贡献。例如，在线教育平台开通一个多月来，共播出中小学课程 1917 堂，浏览量达 9.94 亿次，在线学习的学生超过 1.95 亿人次。

二、全面助力复工复产

目前疫情在国内蔓延势头得到遏制，信息通信业加快网络建设和业务发展，全面助力各行业领域复工复产，为保障经济社会稳定发展做出新的贡献。

（一）加快 5G 等“新基建”建设，拉动经济增长

推进 5G 等新型基础设施建设进度。2 月下旬以来，全行业稳步有序推进自身复工复产，加快发展 5G、数据中心、工业互联网等数字“新基建”。基础电信企业及时评估疫情影响，制订和优化 5G 网络建设计划，加快 5G 特别是独立组网建设步伐。一批 5G 等通信建设项目开始实施，促进电力、水利、交通等传统基础设施向智能化新型基础设施升级。

“新基建”助力稳投资、扩内需和增就业。5G 建设带动网络设备和终端制造、融合创新应用开发等产业链上下游发展，激发新兴消费潜力，5G+远程医疗、5G+远程办公、5G+智慧教育等一批典型应用得到探索和发展。预计 2020—2025 年，5G 建设将带动 3.5 万亿元投资，5G 商用将带动 8.1 万亿元信息消费，到 2025 年，5G 将直接创造超过 300 万个就业岗位。

（二）推广新业务、新应用助力各行业复工

基于新设施深化融合创新应用。针对疫情防控和复工复产形势需要，基于

5G、物联网、CDN、数据中心等新型网络基础设施，运用 5G+VR、AR 以及边缘计算等新一代信息通信技术，推出导购云平台、文体赛事直播、远程智慧医疗、远程互动教学等大量创新融合应用；同时，连续几年实施提速降费措施，让用户能够用得上、用得起这些新业态，充分享受先进的网络资源。

云网融合应用助力各行业灵活复工。疫情防控中的复工复产需要灵活安排和精准施策，信息通信技术业务的优势得以彰显："通信行程卡"全国通用，截至 8 月下旬，累计查询量已经超过 30 亿次；超高精度红外人体热成像测温系统满足公共场所高密度人群快速检测的需求；云办公、云教学、云医疗等新业态提供在线工作新方式，为各行业科学精准和安全复工发挥重要作用。

（三）运用工业互联网等信息技术助力企业复产

工业互联网和工业 App 助力企业恢复产能。工业互联网可以帮助企业降低用工密度，减少人员接触，提升劳动生产效率。一些地方指导企业深化工业互联网、工业软件尤其是工业 App、人工智能、增强虚拟现实等新技术的运用，推广协同研发、无人生产、远程运维、在线服务等新模式和新业态，加快恢复制造业的产能。

网络平台和延伸功能解决企业供需对接等难题。一些大型工业互联网平台发挥供需对接优势，疫情期间助力医用物资需求对接，有效带动相关企业复产，全面复工后支撑生产协同和供应链管理，有效防范停产断供风险。一些地方运用云计算推动企业上云，推行在线工作方式，利用互联网平台分析中小企业复工状态，实现复工复产备案申报审批，助力公共服务能力提升，推动中小企业快速复工。

三、下一步发展建议

为进一步发挥信息通信业对疫情防控和复工复产的潜在能力，建议从以下3个方面推动信息通信业高质量发展，加快数字化转型步伐，为经济发展注入新的动能。

加快新型基础设施建设步伐，全面推进网络提速提质。积极发展和应用新一代信息通信技术，加快推进主要城市5G网络建设，并向有条件的重点的县、镇逐步延伸覆盖，系统部署数据中心、云计算平台、工业互联网等新型基础设施建设，发挥数字“新基建”的头雁效应，支撑经济社会数字化转型。

深化ICT技术业务融合应用，激发新兴消费培育新动能。推广5G+VR、AR等应用，推进5G+车联网协同发展，加快ICT技术和业务在医疗、健康等垂直行业领域的应用。打造系统化多层次的工业互联网平台体系，发展数字化管理、智能化生产、网络化协同等新模式，培育工业电子商务、共享经济、平台经济、产业链金融等新业态。

优化行业发展环境，促进产业协同发展。完善公平竞争的市场环境，允许更多主体参与投资建设。深化电信业改革，激发企业活力。完善企业考核和创新扶持政策，鼓励企业增加研发投入，采取包容审慎态度，鼓励各类新模式和新业态发展。推进关键急需标准的制定，深入推动企业上云、用云。

（撰稿人：中国信息通信研究院　张利华　李小虎）

专题十七　数字化抗疫背后的社会治理新模式

在此次全社会抗击新型冠状病毒肺炎疫情的过程中，数字化疫情防控起到了关键作用。政府、医疗科研机构和相关企业通过数字化能力实现了高效的远程联动，各类快速疫情防控系统实现了快速搭建，甚至人工智能等先进技术在防控疫情的过程中也发挥了巨大的作用。这一切都说明数字化技术正加速成为社会治理的新基础设施。与此相适应，数字化治理必将在未来社会经济转型过程中创造更多价值。

一、数字化治理的全面下沉

过去，数字化治理在一二线城市为民众提供了政务、医疗、交通、消费等领域的便捷高效的服务。近几年，我们看到农村地区的数字消费增速全面超越了一二线城市,展现了强劲的发展势头。而这次疫情，让我们看到了数字化治理全面下沉带来的巨大正向影响力。

疫情引发了农产品销售困局，为此，农业农村部 3 月份组织行业协会、批发市场、大型电商、龙头企业开展应急促销来推动农产品销售，取得了显著成果。仅阿里“爱心助农”活动销售农产品就突破了 10 万吨，这有赖于数字农业紧急供应链的快速搭建，背后则是数字经济“紧急下沉”带来的治理模式变革。

如何对农产品进行高效的品控，建立健全农产品供应链各端的信用体系，是数字农业供应链搭建需要考虑的核心问题。在疫情期间，政府与平台联手，为助农数字供应链下沉探索了一条可落地的执行路径。在品控端，地方政府治理与消费者动态反馈相结合成为有效的品控模式，平台也将通过算法推荐让更多信用好、品质优的商家和产品得到更多的推荐，进而丰富和优化供应端的信用体系。

数字化治理服务将信息技术的红利进一步下沉，在各地农业数字化转型过程中发挥了积极作用，为提供农业服务的商家和消费者提供了便利和实惠。不仅如此，数字治理的下沉对当下亟需恢复经营的千万中小企业来说，更是一个转危为机的里程碑。

二、复工复产下的社会化大协同

疫情特殊时期我们既要阻断疫情传播，又要实现安全高效的协同工作。政府部门与社会组织、互联网平台企业进行了多方面合作，利用数字化能力调动更多力量协同，发挥了防范疫情、恢复生产的作用。这不仅仅是狭义的管控、管理，更是为远期实现全面社会数字化治理进行的有益探索。

以企业复工为例，在政府端，为了更好地控制疫情蔓延，各地政府要求企业在开工后对员工健康信息进行申报，以便及时处理异常情况。企业通过互联网 App 进行各类信息的报送，有效地减少基层的疫情报送工作量。以杭州市社区防疫为例，社区可以将当天最新的疫情防控信息直接发送到街道疫情防控工作钉钉群，通过疫情报送一张表，将信息及时送达到疫情防控指挥部。通过阿里云联合钉钉和支付宝推出的智能社区疫情防控小程序，湖北随州两天内完成了 200 多万人的健康登记。疫情报送的数字化大大提升了信息触达的效率和精准性，为一线防控起到了积极的推动作用。

而在企业端，企业也可以通过员工健康打卡数据对员工的健康状况及时做出汇总分析和统计。在疫情期间，企业对员工进行通知发布的频率越来越高，触达范围越来越大。通过钉钉等高效的数字化工具，企业疫情信息的发布可以在紧急情况下实现一键发送万人级通知，保证防疫期间的信息通知到位。

疫情在物理上影响了人与人、人与团队、团队与团队之间的当面沟通。而数字化使得被阻断的信息交流渠道得以重新连接。随着未来疫情的结束，实时的组织在线、移动化的工作协同将大大提升企业内部的工作效率。整个社会组织围绕企业生产所搭建的高效的协同体系也将随着社会数字化治理的不断深化而持续优化。而优化的其中一个重要方向，则是整个社会组织包括企业在内的应急管理能力的提升。

三、应急管理成为基础能力

在这次防控疫情的过程中，社会各界已充分认识到了数字技术对实现社会治理的协同化和精准化具有重大价值。数字技术通过协同广泛的社会力量，除了提升疫情防控能力之外，还有效推动了应急管理体系的数字化创新。

疫情期间，政府有关部门、部分企事业单位普遍存在疫情相关的应急管理系统开发上线的需求，例如，开发疫情监测服务系统、疫情物资上报系统等，政府、医疗机构和企业必须在极短的时间内搭建完成相关系统。而根据目前已有的成功搭建案例，从启动开发到上线的时间已经可以控制在 2～5 天。

之所以能够实现这样的快速开发，主要是依托于低代码开发工具，实现了基于标准模板、组件的拖曳式设计、高度共享复用。例如，基于阿里云宜搭，企业可迅速开发配置填报表单、审批流程、汇总分析页面等功能，搭建与疫情相关的填报平台；阿里云枢则提供更加强大的组件开发以及对接企业内部系统的功能，以“零基础、低代码”的方式，快速搭建集成各类前端和事项流程的应急管理平台；对于疫情态势较为关注的企业，疫情监控云屏则免费提供疫情态势的仪表盘页面，将全国疫情数据、疫情相关新闻、本区域情况等信息实时同步在屏幕上，企业可以灵活添加自己本地的统计数据，快速实现屏幕展示的多种组合。

应急系统搭建能力将不仅适用于疫情期间，随着时代和技术的快速发展，企业各类系统的建设更加讲究轻型作战，更加看重效率。尤其是企业肩负着各类应急任务，将承担各类应急管理系统的建设，更加需要形成快速搭建、快速上线、快速迭代的能力。借助低代码开发平台进行系统开发，可以让企业快速搭建相关系统，大幅提升企业效率。在这次疫情期间，我们看到，低代码开发各类应急管理系统的时代已经来临了。

四、人工智能和大数据成为数字化建设的必选项

人工智能和大数据等数字技术在疫情防控全流程中发挥着重要作用。在防疫预警方面，大数据技术帮助有关部门大幅提升了疫情防控的反应速度；在诊疗需求方面，医师在线问诊快速回应公众需求，减少交叉感染的风险，有效节约了医疗资源；在疫情溯源方面，各大城市探索利用大数据针对疑似患者进行监测分析和对高危人员提前预警，提高了疫情防控效率和精准性；在药物研发方面，医疗机构和企业积极采用数字化技术，加快研发进度，提升研发效率。

另外，我们看到在疫情期间发挥巨大作用的相关技术手段，将成为未来数字化建设持续推进的重要方向。健康码作为疫情期间数字治理下沉的一个里程

碑，利用简单明晰的二维码系统作为疫情期间社区通行、公共交通和复工上岗的凭证，成为社会各界的一致选择；阿里达摩院智能疫情机器人服务于全国27个省（自治区、直辖市），累计拨打数千万通信防控摸排电话；AI诊断技术可以在20秒内准确地对新冠疑似病例CT影像做出判读，分析结果准确率达96%，大幅提升诊断效率；钉钉在远程教育、企业全面复工复产中为远程的组织协同、工作协同提供了基础能力。这些智能化的场景充分说明，数字治理正在成为社会经济生活的核心基础要素。

当前技术趋势逐步从信息化向智能化的方向演进，如何能够有效利用各类人工智能技术和应用，将成为越来越关键的数字化思维方式。

五、结语

新一代数字技术充分利用算法和算力发挥了数据的价值，让人们能够超越空间和时间进行信息传递，实现更大范围的高效协同。在科技抗疫的过程中，数字技术所带来的全新治理模式对疫情防控的全流程、多角色和多场景的协同效率提升正发挥着巨大的作用。我们相信，随着数字治理的全面下沉，社会治理将加速进入一个全方位的数字化新常态。

（撰稿人：阿里巴巴集团央企合作部　彭发杰）

专题十八 IPv6与5G创新融合发展的研究

建设新型基础设施是我国立足当前、着眼未来的重大战略部署。2019年中央政治局会议和中央经济工作会议再次指出，加快推进信息网络等新型基础设施建设，加强战略性、网络型基础设施建设。加快推动基于IPv6的下一代互联网与5G的融合演进，是互联网创新发展的必然趋势，也是建设网络强国、构建数字经济体系的重要组成部分，对于提升产业基础能力和产业链水平、构筑未来发展新优势，以及促进经济社会转型升级具有重要意义。

（一）我国IPv6的发展现状

自2017年11月中共中央办公厅、国务院办公厅发布《推进互联网协议第六版（IPv6）规模部署行动计划》以来，在各方的努力下，IPv6网络基础设施、应用基础设施能力稳步提升、用户规模显著增长，为我国建设5G等新型基础设施打下了良性发展的基础。

1. 网络基础设施全面支持IPv6，具备IPv6环境下各类业务承载能力

基础电信企业已全面完成固定网络和LTE网络的IPv6升级改造，并开通全国13个骨干直联点IPv6互联互通。IPv6网络质量与IPv4基本趋同。基础电信企业聚焦网内、网间IPv6网络质量，持续开展IPv6网络质量链路优化、设备改造等相关工作，切实提升了IPv6网络质量。

2. 应用基础设施IPv6升级改造取得积极进展，初步具备对外服务能力

基础电信企业互联网数据中心（Internet Data Center，IDC）的IPv6升级改造全面完成，共完成全部907个超大型、大型、中小型数据中心的IPv6改造。

内容分发网络（Content Delivery Network，CDN）资源 IPv6 支持能力持续提升，全国十大主要 CDN 企业支持 IPv6 的节点数超过 3195 个，已具备在全国范围提供 IPv6 业务加速能力。主要云产品已初步具备 IPv6 服务能力，全国主要云服务平台持续推进云产品 IPv6 升级改造，负载均衡、对象存储、域名解析等不同种类云服务产品已基本完成 IPv6 升级改造。此外，基础电信企业的递归服务器全部完成双栈改造，并全面支持 IPv6 地址解析。

3. 终端和行业应用 IPv6 改造持续提速

基础电信企业的门户网站、网上营业厅及用户量排名前 10 款的自营移动互联网应用均完成了 IPv6 改造，基础电信企业 30 款自营移动互联网应用平均 IPv6 流量占比超过 71%。固定终端 IPv6 支持度持续提升，市场主流智能家庭网关已全部支持 IPv6，各企业正加快开展存量设备升级改造工作。市场主流移动终端均已支持 IPv6。苹果、三星、华为、小米等市场份额占比较大的移动终端厂商，自 2018 年起其新发布的机型和系统已具备 IPv6 支持能力。

（二）我国 5G 的发展现状

自 2019 年启动 5G 网络建设以来，我国 5G 网络建设持续加速，到 2020 年 2 月底，全国已建设开通 5G 基站 16.4 万个，到 2020 年年底全国 5G 基站数超过 60 万个，实现地级市室外连续覆盖、县城及乡镇重点覆盖、重点场景室内覆盖。

1. 我国 5G 产业生态已逐步成熟

截至 2020 年 3 月底，我国 5G 手机产品类型有 76 款，累计出货量超过 2600 万部，其中 2020 年出货量约为 1300 万部。目前加快 5G 发展的一项重点工作就是丰富应用场景。工业和信息化部将支持基础电信企业以 5G 独立组网为目标，控制非独立组网建设规模，加快推进主要城市的网络建设，并向有条件的重点县镇逐步延伸覆盖，同时加大基站站址资源支持。随着 5G 网络建设的持续推进，我国 5G 融合应用需尽快从单点应用向规模应用转变。

2. 我国高度重视 5G 应用发展

我国连续两年举办“绽放杯”5G 应用征集大赛，并成立了 5G 应用产业方阵。地方政府纷纷布局 5G，出台 5G 政策文件。电信运营企业在重点城市、典型领域开展应用示范。5G 应用将显著促进信息消费，有效带动产业发展，并拓展创新创业新空间。

（三）IPv6 与 5G 的融合创新

5G 应用将带来更加丰富的沟通方式和更加真实的体验。与以往移动通信系统相比，5G 多样化的应用场景需要满足更加极致的性能挑战，更对传输网络提出了全新的挑战，主要体现在低时延、移动性和海量连接等方面。

对于低时延业务，将业务部署在靠近用户的接入侧可以在一定程度上通过降低传输路径来减少链路时延，然而仅仅依靠业务的就近部署是不够的，除此之外还需要能够在承载网络提供低时延技术支持。与 3G/4G 相比，5G 网关下沉部署可以有效解决时延问题，但同时也引入了终端在移动过程中在网关之间频繁切换的问题，对移动性方面带来巨大挑战。5G 大连接会对控制面信令过程以及用户面传输开销带来极大挑战。5G 网络连接密度可能达到百万/平方千米，此时数量巨大的上下文信息以及信令过程会给承载网络带来极大负担。

随着视频娱乐、线上外卖等新模式以及行业数字化转型的快速发展，万物互联、多租户云网络对 IP 地址的需求数量超过 1000 亿个，远高于 IPv4 能满足的地址总量。同时互联网安全事件频发，而通过 IPv4+NAT（Network Address

Translation，网络地址转换）方式解决地址分配问题导致安全威胁难以溯源，严重制约互联网安全治理。当前，我国电信网络基础设施的 IPv6 升级改造基本完成，已具备全国服务基础。

IPv6 是 5G 和物联网的基础协议，可以极大地提升网络效率，5G 技术可以实现超快的移动互联；IPv6 的无限地址资源可以给每台智能设备分配一个专属地址。IPv6 和 5G 网络的天然互补，同步发展，将高效支撑移动互联网、物联网、工业互联网、云计算、大数据、人工智能等新兴领域快速发展，不断催生新技术、新业态，促进网络应用进一步繁荣，打造先进开放的新一代互联网技术产业生态。

5G 和云时代的复杂业务场景，对网络简化、网络体验和网络智能化提出了更高要求，需要在支持 IPv6 的基础上，进一步将 IPv6 与创新技术结合，发展增强型的“IPv6+”网络。“IPv6+Slicing+AI+新一代 IP 网络协议”，可实现云网融合、业务快速开通、服务质量和体验可保障，驱动网络服务化转型，激发业务和商业模式创新，加快企业数字化步伐，如 IPv6+Slicing 提供差异化的网络服务、IPv6+AI 提供关键业务的体验保障、IPv6+SRv6 提供业务快速发放等，激发业务创新。路径可规划、业务快速开通、运维自动化、质量可视化、SLA 可保障、应用可感知的“IPv6+”网络将成为下一代互联网演进的重要路线。

（四）下一步工作考虑

针对我国 IPv6 与 5G 产业发展现状，建议顺势而为，适时稳妥地推进以下几方面工作。

1. 在 5G 网络建设过程中，开启网络 IPv4/IPv6 双栈化支持

目前我国 5G 网络建设刚刚起步，建议在网络建设初期就要全部开启 IPv6

协议栈，使得支持 IPv6 协议的 5G 手机终端可以优先使用 IPv6 协议访问互联网。**同时，在运营企业现网中开展 5G 网络单 IPv6 协议栈试点**，验证在纯 IPv6 环境下，用户是否能够正常访问 IPv6 及 IPv4（通过翻译机制）的网络资源，打通 IPv6 终端、网络、应用的全链条，为将来网络向纯 IPv6 网络演进提前做好技术储备。

2. 推动支持 IPv6 协议栈的智能终端产品的研发

建议新上市的 5G 手机终端必须默认开启 IPv6 协议栈，并优选 IPv6 协议访问网络。加快推进支持 IPv6 及 5G 的物联网、车联网、工业互联网等新兴网络智能终端的产业发展，从而促进支持 IPv6 的 5G 新兴应用的持续发展。

（撰稿人：中国信息通信研究院　赵锋）

附　录

附录一　2019—2020年4月重要法规性、指导性文件

工业和信息化部关于修订《电信业务分类目录（2015年版）》的公告

为贯彻落实中央经济工作会议精神，加快5G商用步伐，依据《中华人民共和国电信条例》，我部对《电信业务分类目录（2015年版）》（以下简称《目录》）进行了修订，现予公告。

《目录》在A类“基础电信业务”“A12蜂窝移动通信业务”类别下，增设“A12-4第五代数字蜂窝移动通信业务”业务子类。具体业务表述为：“第五代数字蜂窝移动通信业务是指利用第五代数字蜂窝移动通信网提供的话音、数据、多媒体通信等业务”。其他业务维持不变。

工业和信息化部

2019年6月6日

工业和信息化部关于开展互联网信息服务备案用户真实身份信息电子化核验试点工作的通知

工业和信息化部信管函〔2019〕87号

各省、自治区、直辖市通信管理局，中国互联网协会，国家计算机网络应急技术处理协调中心，中国电信集团有限公司，中国移动通信集团有限公司，中国联合网络通信集团有限公司，网络接入服务提供者：

根据《中华人民共和国网络安全法》《中华人民共和国电信条例》《互联网信息服务管理办法》《工业和信息化部关于进一步落实网站备案信息真实性核验工作方案（试行）》（工业和信息化部电管〔2010〕64号，以下简称64号文）等规定，为切实减轻企业负担，进一步提升互联网信息服务（ICP）备案主体真实身份信息准确率，实现“数据多跑路，群众少跑腿”，我部决定于2019年4月1日至2019年12月31日开展ICP备案主体真实身份信息电子化核验试点工作。有关事项通知如下。

一、试点工作内容

（一）ICP备案主体身份信息电子化采集

参与试点的网络接入服务提供者可采用“人脸识别”“唇语识别”“动作识别”等技术手段，采集确认ICP备案主体真实身份信息，并与其提供的主体身份证件、权威库留存的主体身份证件进行交叉比对。验证一致后，向“工业和信息化部 ICP/IP 地址/域名备案管理系统”提交相关信息。

电子化采集 ICP 备案主体真实身份信息，准确率不低于 99.95%。

通过电子化采集上传的图像，不再要求其提供以幕布为背景的图像。

（二）《ICP 备案信息真实性核验单》电子化提交

参与试点的网络接入服务提供者应按照《ICP 备案信息真实性核验单》，认真核验 ICP 备案主体真实身份信息，核验一致后按格式生成《ICP 备案信息真实性核验单》，并向“工业和信息化部 ICP/IP 地址/域名信息备案管理系统”提交相关信息。

电子化采集《ICP 备案信息真实性核验单》相关信息，准确率达到 100%。提交电子化《ICP 备案信息真实性核验单》即表示网络接入服务提供者已履行 ICP 备案主体真实身份信息核验义务，无须单位盖章，不再提交纸质《ICP 备案信息真实性核验单》。

二、参与试点单位条件

参与试点的网络接入服务提供者应具备以下条件。

（一）取得电信主管部门颁发的增值电信业务许可，业务种类包括互联网数据中心业务、互联网接入服务业务、内容分发网络业务等。

（二）具备采集确认 ICP 备案主体真实身份信息的技术能力。

（三）具备与主体信息权威库（统一社会信用代码、个人身份证件库等）信息比对的技术能力。

三、试点工作安排

（一）申请阶段（2019 年 4 月 1 日至 4 月 15 日）。申请参与试点工作的网络接入服务提供者向属地通信管理局提交申请表（详见附件）。

（二）审查阶段（2019 年 4 月 16 日至 5 月 15 日）。各地通信管理局对属地申请参与试点工作的网络接入服务提供者进行审核汇总，报送至部（信息通信管理局）。部（信息通信管理局）组织相关机构对申请参与试点工作的网络接入服务提供者的技术能力进行评估，确定试点单位名单。

（三）试点运行阶段（2019 年 5 月 16 日至 2019 年 12 月 31 日）。参与试点工作的网络接入服务提供者向“工业和信息化部 ICP/IP 地址/域名信息备案管理系统”提交电子化采集的 ICP 备案主体图像和电子化《ICP 备案信息真实性核验单》。

（四）总结评估阶段（2019 年 12 月 31 日至 2020 年 1 月 31 日）。各地通信管理局组织属地参与试点工作的网络接入服务提供者开展评估总结工作，并报至部（信息通信管理局）。

四、工作要求

（一）周密部署，加强指导。各相关单位要严格落实主体责任，依据文件要求周密部署开展工作。各地通信管理局要和参与试点工作的网络接入服务提供者建立协调沟通机制，及时发现处理试点工作存在的问题，切实提高 ICP 备案工作效率，提升 ICP 备案主体真实身份信息数据准确率。

（二）强化监督，严格问责。各地通信管理局要督促网络接入服务提供者严格落实 64 号文和试点工作要求。不具备电子化核验技术能力的网络接入服务提供者，要求其严格落实 64 号文现场核验要求。发现参与试点的网络接入服务提供者故意提供错误或虚假信息的，立即取消其试点资格并进行处罚。

（三）加强保障，跟踪进展。各地通信管理局要督促参与试点的网络接入服务提供者不断完善技术能力和安全保障措施，确保试点工作平稳有序进行。各相关单位应建立信息报告制度，及时报送各项工作进展，我部将通过《工业和信息化部 ICP 备案工作情况月通报》予以通报。

工业和信息化部

2019 年 3 月 27 日

工业和信息化部关于开展2019年IPv6网络就绪专项行动的通知

工业和信息化部通信函〔2019〕95号

各省、自治区、直辖市通信管理局，部属各单位，部属各高校，中国电信集团有限公司，中国移动通信集团有限公司，中国联合网络通信集团有限公司，中国广播电视网络有限公司，阿里巴巴（中国）有限公司，深圳市腾讯计算机系统有限公司，百度在线网络技术（北京）有限公司，华为技术有限公司，苹果公司，三星（中国）投资有限公司，中兴通讯股份有限公司，小米科技有限责任公司，广东欧珀移动通信有限公司，维沃移动通信有限公司，联想控股股份有限公司，魅族科技有限公司，世纪互联数据中心有限公司，鹏博士电信传媒集团股份有限公司，北京奇虎科技有限公司，厦门秦淮科技有限公司，北京新网互联软件服务有限公司，北京方正信息技术有限公司，成都西维数码科技有限公司，万国数据服务有限公司，北京光环新网科技股份有限公司，网宿科技股份有限公司，北京蓝汛通信技术有限责任公司，北京金山云网络技术有限公司，上海优刻得信息科技有限公司，白山云科技有限公司，上海帝联信息科技发展有限公司，上海七牛信息技术有限公司，北京京东世纪信息技术有限公司，北京优帆科技有限公司，普联技术有限公司，友讯科技股份有限公司，深圳市吉祥腾达科技有限公司，华硕电脑股份有限公司：

为深入贯彻落实《推进互联网协议第六版（IPv6）规模部署行动计划》（厅字〔2017〕47号），持续推进IPv6在网络各环节的部署和应用，全面提升用户渗透率和网络流量，加快提升我国互联网IPv6发展水平，我部决定于2019

年开展中国 IPv6 网络就绪专项行动。有关事项通知如下。

一、重点工作任务

（一）网络基础设施 IPv6 能力就绪

骨干网、城域网、接入网全面完成 IPv6 改造，并开通 IPv6 业务承载功能；到 2019 年末，武汉、西安、沈阳、南京、重庆、杭州、贵阳·贵安、福州 8 个互联网骨干直联点完成 IPv6 升级改造，支持互联网网间 IPv6 流量交换。

基础电信企业为支持 IPv6 的全部在网移动终端、固定终端分配 IPv6 地址；完善 IPv6 专线产品开通流程，为政企客户快速开通 IPv6 专线接入并支持分配 IPv6 地址。自 2019 年 6 月起，根据客户需求为新签或续签服务合同的政企客户分配 IPv6 地址。

（二）应用基础设施提升 IPv6 业务承载能力

基础电信企业数据中心全面完成 IPv6 改造，为用户提供基于 IPv6 的互联网数据中心服务；到 2019 年末，世纪互联、鹏博士、秦淮科技、新网互联、方正信息、西部数码、万国数据、光环新网等数据中心运营企业完成大型以上数据中心内部网络和出口设备的 IPv6 改造。

网宿科技、阿里云、腾讯云、蓝汛、金山云、世纪互联、UCloud、白山云、七牛云、中国移动完成内容分发网络（CDN）IPv6 改造，在全国范围内提供 IPv6 流量优化调度能力。到 2019 年末，CDN 的 IPv6 本地覆盖能力达到 IPv4 本地覆盖能力的 85%以上，开通 IPv6 带宽达到 IPv4 带宽的 10%。

阿里云、天翼云、腾讯云、沃云、华为云、移动云、百度云、金山云、京东云、UCloud、青云等云服务企业完成云平台的双栈改造。到 2019 年末，完成包含 IPv6 云主机、负载均衡、内容分发、域名解析、云桌面、对象存储、云数据库、API 网关、Web 应用防火墙、DDOS 高防、弹性 IPS 等在内的 70% 公有云产品 IPv6 改造；根据客户需求，提供支持 IPv6 的政务云产品。

（三）终端设备增强 IPv6 支持能力

华为、苹果、三星、中兴、小米、OPPO、vivo、魅族、联想、一加、金立、TCL、海信等品牌新申请进网的相关移动终端出厂默认配置支持 IPv4/IPv6 双栈；终端生产企业应加快系统软件升级，推动存量移动终端支持 IPv6。

新部署的家庭网关设备应全部支持 IPv6，并默认配置支持 IPv4/IPv6 双栈，能够为网关下挂设备分配 IPv6 地址；到 2019 年末，完成 70%存量智能家庭网关的 IPv6 升级。

TP-LINK、D-LINK、华为、腾达、华硕、网件、小米等企业新生产的家庭路由器应支持 IPv6，并向存量家庭路由器设备推送支持 IPv6 的固件版本。

（四）网站及互联网应用生态加快向 IPv6 升级

部属各单位、部属各高校、各省（自治区、直辖市）通信管理局及其直属事业单位完成门户网站 IPv6 改造，新建网站及外部系统应全面支持 IPv6 访问。

基础电信企业集团及下属省级公司门户网站、网上营业厅、自营移动互联网应用（App）及相应服务器全部支持 IPv6 访问，并能够统计 IPv6 活跃用户数。

应用宝、360 手机助手、豌豆荚、OPPO 软件商店、百度手机助手、华为应用市场、小米应用商店、vivo 应用商店、MM 商场、沃商店、天翼空间对上架的 App

按照统一的方法及检测工具开展 IPv6 支持度检测与标识工作；自 2019 年 6 月起，各应用商店在醒目位置为支持 IPv6 的 App 设置专区并推荐用户使用；到 2019 年末，各应用商店新上架的 App 均应支持在 IPv6 网络环境正常工作。

开发者在开发 App、软件开发工具包（SDK）以及服务器端程序时，应考虑支持 IPv6 访问。

鼓励典型行业、重点工业企业积极开展基于 IPv6 的工业互联网网络和应用改造试点示范，促进 IPv6 在工业互联网、物联网等新兴领域中融合应用创新。

（五）IPv6 网络及服务性能持续提升

持续优化 IPv6 网络传输性能，提升数据中心、内容分发网络、云服务平台的 IPv6 服务能力。到 2019 年 9 月末，IPv6 网络基础设施、应用基础设施为用户提供与 IPv4 趋同质量的服务，平均丢包率、时延等指标与 IPv4 性能相比劣化不超过 10%。

（六）IPv6 网络安全保障进一步加强

各企业要进一步完善网络安全管理制度体系，涵盖 IPv6 安全防护和管理相关要求；同步升级防火墙/WAF、IDS/IPS、4A 系统等 IPv6 网络安全防护手段；同步改造僵木蠕监测处置系统、移动互联网恶意程序监测处置系统、上网日志留存系统、IDC/ISP 信息安全管理系统等网络安全监测处置系统；到 2019 年末，完成已升级改造的基础网络、业务系统、CDN/IDC、云服务平台、域名系统等网络和系统单元的定级备案、符合性评测和风险评估等网络安全防护工作。

相关机构开展 IP 承载网、CDN/IDC、核心路由器、安全防护设备等 IPv6 网络安全防护相关标准制修订工作。搭建 IPv6 测试环境，通过网络安全漏洞众测等方式，验证相关企业已部署的网络安全防护手段有效性。通过网络安全试点示范等方式，支持相关企业和机构开展工业互联网、物联网、车联网、云计算、大数据、人工智能等新兴领域 IPv6 网络安全威胁防范和应对研究。

二、2019 年末主要目标

（一）获得 IPv6 地址的 LTE 终端比例达到 90%，获得 IPv6 地址的固定宽带终端比例达到 40%。

（二）LTE 网络 IPv6 活跃连接数达到 8 亿。其中，中国电信集团有限公司达到 1.6 亿，中国移动通信集团有限公司达到 4.8 亿，中国联合网络通信集团有限公司达到 1.6 亿。

（三）完成全部 13 个互联网骨干直联点 IPv6 改造。

三、保障措施

（一）严格落实责任。各企业要对照工作目标和重点任务，细化分解任务，层层压实责任。各基础电信企业集团公司在对各省级子（分）公司的业绩考核中，应将 IPv6 相关任务完成情况作为重要考核指标，并安排资金保障 IPv6 各项任务落实。各企业要建立本年度 IPv6 改造任务清单及台账，并于 2019 年 6 月、12 月底向工业和信息化部（信息通信发展司）报送工作进展情况。

（二）完善监测平台。中国信息通信研究院要加强 IPv6 发展监测平台建设，完善监测平台功能和性能，开展 IPv6 网络性能、App 及网站 IPv6 支持程度等在线监测工作，定期发布 IPv6 发展监测报告；加强监测平台网络信息安全防护，确保系统安全稳定运行；制订统一的 App IPv6 支持度检测方法，开发相关检测工具。各企业要积极配合，根据监测需要在已完成 IPv6 改造的数据中心、CDN 节点、云服务平台以及网关设备、网站、App、应用市场等各环节部署节点，接入监测平台上报活跃用户、流量等统计数据。

（三）加强对接协调。我部将建立基础电信企业、CDN 企业、云服务平台企业以及互联网应用企业对接协调机制，聚焦各企业实施 IPv6 改造过程中存在的困难问题，通过定期召开协调会议、建立问题清单和任务台账等方式，推进网络基础设施、应用基础设施、互联网应用高效协同和无缝对接。

（四）开展抽查抽测。各通信管理局要瞄准重点任务，紧扣时间节点，通过明查暗访或者利用 IPv6 发展监测平台在线抽测等形式，加强对属地相关企业推进 IPv6 相关工作进度与质量的日常监督，每半年将相关工作情况报送我部（信息通信发展司）。我部将对各企业工作情况进行抽查，对网络、应用、终端各环节 IPv6 支持度进行抽测，抽查结果将向社会进行通报。

（五）优化保障措施。完善互联网信息服务备案管理制度，在互联网信息服务备案时明确要求提供支持 IPv6 相关信息；加强和完善 IPv6 地址备案系统的建设和备案核查、管理，督导基础电信企业严格落实 IPv6 接入地址编码规划方案和 IPv6 备案管理要求；完善相关电信业务管理要求，数据中心（含云服务）、CDN 等运营企业在提交年报时，应提供支持 IPv6 相关情况；严格落实电信设备进网检测相关要求，检测机构开展设备进网检测时，应对相关设备 IPv6 支持情况进行检测。

特此通知。

工业和信息化部

2019 年 4 月 1 日

工业和信息化部　国资委
关于开展深入推进宽带网络提速降费
支撑经济高质量发展 2019 专项行动的通知

工业和信息化部联通信〔2019〕94 号

各省、自治区、直辖市通信管理局，各省、自治区、直辖市及计划单列市、新疆生产建设兵团工业和信息化主管部门，相关企业：

按照《政府工作报告》部署，为进一步提升宽带网络供给能力、补齐发展短板、优化发展环境、促进信息消费和“互联网+”行动深入开展，助力网络强国建设，决定开展深入推进宽带网络提速降费、支撑经济高质量发展 2019 专项行动。有关事项通知如下。

一、总体要求

坚持以习近平新时代中国特色社会主义思想为指导，全面贯彻党的十九大和十九届二中、三中全会精神，坚持以人民为中心的发展思想，深入推进供给侧结构性改革，着眼经济高质量发展需求，按照中央经济工作会议和《政府工作报告》部署，开展“双 G 双提”，推动固定宽带和移动宽带双双迈入千兆（G 比特）时代，100M 及以上宽带用户比例提升至 80%，4G 用户渗透率力争提升至 80%。开展“同网同速”，推动我国行政村 4G 和光纤覆盖率双双超过 98%，实现农村宽带网络接入能力和速率基本达到城市同等水平。开展“精准降费”，推动基础电信企业面向全国建档立卡贫困户给予最大折扣基础通信资费优惠，中小企业宽带平均资费降低 15%，内地与港澳地区间流量漫游费降低 30%，移动网络流量平均资费降低 20%以上。

二、重点任务

（一）开展千兆宽带入户示范。持续推进住宅小区、商务楼宇等光纤到户建设工作，扩大光纤宽带覆盖范围，光纤接入端口占比超过 90%。推动基础电信企业在超过 300 个城市部署千兆宽带接入网络，千兆宽带覆盖用户规模超过 2000 万，为高带宽应用创新和推广提供基础网络保障。研究制定千兆城市评价指标，开展千兆宽带应用示范，重点面向 AR/VR、超高清视频、远程教育、远程医疗等领域拓展应用空间，全年新增千兆宽带用户（含家庭用户和政企用户）40 万。

（二）推动移动网络扩容升级。针对地铁（城铁）、机场、高铁、学校、医疗卫生机构、大型场馆、高密度住宅小区和大型商务楼宇等流量热点区域以及覆盖薄弱地区，进一步完善 4G 网络覆盖，加大载波聚合等 4G 演进技术的部署力度，全年扩容及新建 4G 基站超过 60 万个，满足人民群众日益增长的流量需求。鼓励制订分场景、分业务的移动网络质量标准，不断改善移动用户上网体验。继续推动 5G 技术研发和产业化，促进系统、芯片、终端等产业链进一步成熟。组织开展 5G 国内标准研制工作，加快 5G 网络建设进程，着力打造 5G 精品网络。指导各地做好 5G 基站站址规划等工作，进一步优化 5G 发展环境。

（三）深化电信普遍服务试点。加大对“三区三州”深度贫困地区宽带网络建设支持力度，着力补齐贫困地区网络基础设施发展短板。加快推进电信普遍服务试点已部署项目进度，组织实施新一批试点，继续支持行政村和偏远地区 4G 基站建设，实现行政村 4G 覆盖率超过 98%。组织开展行政村通宽带情况全面摸查，推动尚未安装普遍服务定制光猫的行政村新增宽带用户优先安装普遍服务定制光猫，逐步实现对全国行政村通宽带情况的动态精准掌握。进一步完善电信普遍服务管理支撑平台功能。

（四）持续完善网络架构。持续做好互联互通工作，进一步推进骨干网网间带宽扩容，优化我国骨干网络架构和流量调度机制，实现网间扩容 2500G。加快国际通信网络出入口带宽扩容，优化国际互联网流量调度，力争大幅提升国际互联带宽和流量转接能力。鼓励基础电信企业积极开展试点示范，利用 SDN（软件定义网络）、NFV（网络功能虚拟化）、云计算、边缘计算等多种技术，持续提升网络效率和服务能力。

（五）增强互联网应用能力。推动互联网企业着力提升网站和应用服务能力，保障用户的基本带宽配置，优化资源调配流程。引导和支持互联网企业在中西部省份和东北地区加强 CDN（内容分发网络）节点建设，推动 CDN 向网络边缘延伸，实现互联网信息源的高速接入和就近访问，持续改善用户上网体验。加快应用基础设施 IPv6 改造进度，推动数据中心运营企业完成大型以上数据中心内部网络和出口设备的 IPv6 改造，推动 CDN 服务企业完成 CDN 节点的 IPv6 改造，实现开通 IPv6 带宽达到 IPv4 带宽的 10%，推动云服务平台企业完成 70%的公有云产品 IPv6 改造，满足更多互联网业务需求。

（六）着力远程教育网络覆盖。联合教育部开展学校联网攻坚行动，结合电信普遍服务、网络扶贫等工作，加快提升学校网络接入和带宽能力，实现全国中小学宽带网络接入率达到 97%以上，普遍具备百兆接入能力。推动基础电信企业面向远程教育推出免费提速、资费折扣等网络提速降费举措。推动制订远程教育网络、应用质量等标准规范，为面向不同规模学校开展多种类型远程教育教学提供指导支持。

（七）提升远程医疗网络能力。持续提升农村地区医疗机构宽带网络覆盖水平。结合远程医疗需求，改造提升远程医疗网络，面向县级以上医院和医联体逐步推动专网覆盖。配合卫生健康委开展“互联网+健康扶贫”应用试点，继续扩大试点范围，加强试点经验推广。

（八）推动移动物联网应用蓬勃发展。面向物流等移动物联网应用需求，进一步升级 NB-IoT（窄带物联网）网络能力，持续完善 NB-IoT 网络覆盖。建立移动物联网发展监测体系，促进各地 NB-IoT 应用和产业发展。组织 NB-IoT 优秀应用案例征集活动，推广典型应用。鼓励行业间、产业链各方加强合作，推动车联网、工业互联网等应用规模发展，支撑智能制造。

（九）推动开展精准降费。面向打赢脱贫攻坚战，推动基础电信企业对全国建档立卡贫困户基础通信资费给予最大折扣优惠。面向支持中小企业发展，鼓励基础电信企业为中小企业推出更有针对性的优惠资费方案和企业信息化综合解决方案，实现中小企业宽带和中小企业专线平均资费均降低 15%。面向粤港澳大湾区建设，推动降低内地与港澳地区间流量漫游费，实现资费降低 30%。通过推广大流量套餐产品、降低老用户套餐外流量单价等方式，推动移动流量平均资费降低 20%以上。

（十）进一步规范套餐设置。督促电信企业严格落实《工业和信息化部关于进一步规范电信资费营销行为的通知》，确保降费实实在在，消费者明明白白。推动完善资费公示制度，要求电信企业“清单式”公示面向公众市场销售的所有在售资费方案。减少在售套餐数量，2019 年在售套餐数量较 2018 年底减少 15%，鼓励电信企业在部分地区开展“业务单价+使用折扣”阶梯定价资费试点。保障用户自由选择权，严禁限制老用户选择新套餐等行为，切实增强用户获得感。

三、保障措施

（一）完善政策支持。各地通信管理局要推动地方有关部门将各类信息基础设施纳入城乡规划和土地利用总体规划，在控制性详细规划中严格落实；继续推进光纤到户等国家标准的贯彻落实；指导基础电信企业进一步强化电信基础设施共建共享，创新合作和运行模式。“宽带中国”示范城市、信息消费示范城市等要发挥示范引领作用，在规划统筹、宽带接入、信息技能培训等方面对给予支持和保障。工业和信息化部将会同住房和城乡建设部、交通运输部、中国国家铁路集团有限公司等部门和单位结合问题线索，积极推动解决通信设施进场难的突出问题。国务院国资委继续在基础电信企业经营业绩考核中统筹考虑提速降费影响。

（二）加强市场监管。各地通信管理局要结合行业行风建设和纠风等工作，采取明查暗访相结合等方式，加强监督检查，确保政策在基层落实到位。严厉打击无证经营、超范围经营和层层转租转售等非法经营行为，树立行业良好风气。完善市场竞争规则，协调处理电信企业、互联网企业在重点、热点领域的竞争纠纷，维护公平有序的市场环境。

（三）畅通沟通渠道。工业和信息化部将进一步发挥 12381 公共服务电话平台和部长信箱作用。各地通信管理局要进一步畅通投申诉渠道，及时协调处理用户反映的问题；积极采用“面对面”交流等多种形式为群众答疑释惑，督促有关企业针对群众关切，不断提升服务质量。

（四）做好宣传总结。各地通信管理局、基础电信企业要创新宣传理念和形式，做好提速降费工作进展和成效的宣传，积极报道电信普遍服务、网络扶贫等工作中的典型案例，对涌现出的先进集体和个人予以表扬鼓励。中国信息通信研究院要进一步完善网络速率和资费水平等的权威监测，及时发布数据排名，营造“比学赶帮”的积极氛围。基础电信企业要分别于 7 月和 11 月向工业和信息化部（信息通信发展司）报送阶段工作总结。

工业和信息化部

国资委

2019 年 4 月 19 日

工业和信息化部关于规范对地静止轨道卫星固定业务 Ka 频段设置使用动中通地球站相关事宜的通知

工业和信息化部〔2019〕120 号

各省、自治区、直辖市无线电管理机构，中国电信集团有限公司，中国移动通信集团有限公司，中国联合网络通信集团有限公司，交通运输通信信息集团有限公司，中国卫通集团股份有限公司，中信数字媒体网络有限公司，各相关单位：

为适应卫星通信业务发展需要，推动 Ka 频段高通量卫星广泛应用，同时避免和减少 Ka 频段动中通地球站对其他无线电台（站）产生有害干扰，根据《中华人民共和国无线电管理条例》《中华人民共和国无线电频率划分规定》《无线电频率使用许可管理办法》《建立卫星通信网和设置使用地球站》等有关规定，参照国际电信联盟《无线电规则》，结合我国频率使用实际情况，现就 Ka 频段设置、使用动中通地球站相关事项通知如下。

一、在中华人民共和国境内设置、使用 Ka 频段动中通地球站，适用本通知。

二、本通知所称 Ka 频段动中通地球站是指使用对地静止轨道卫星固定业务 Ka 频段，安装在机动车、铁路机车（含动车组列车）、船舶、航空器等可移动平台上，可在移动中与卫星进行无线通信的地球站。Ka 频段动中通地球站使用的接收频率为 17.7～20.2GHz，发射频率为 29.5～30.0GHz。

三、设置、使用 Ka 频段动中通地球站，不得对同频段其他依法设置、使用的无线电台（站）产生有害干扰，同时应采取必要措施提高自身的抗干扰性能，避免受到来自其他合法无线电台（站）的干扰，也不得提出免受其他合法无线电台（站）干扰的保护要求。

四、建立含 Ka 频段动中通地球站的卫星通信网和设置、使用 Ka 频段动中通地球站，应满足本通知附件所列操作和技术要求，并依据《建立卫星通信网和设置使用地球站管理规定》等有关规定办理无线电频率使用许可和无线电台（站）设置、使用许可。同时，还应遵守《卫星固定业务通信网内设置使用移动平台地球站管理暂行办法》第七条至第十一条规定。

五、在我国领水和领空使用外籍船舶和外籍航空器上安装的动中通地球站，应接入取得国家无线电管理机构颁发无线电频率使用许可证的卫星通信网进行通信，并接受该网监测和控制中心的管理。建网单位应当按照国家无线电管理机构以及国务院有关部门的要求，定期报备网内外籍船舶和外籍航空器使用动中通地球站的有关情况。港澳台登记的船舶和航空器参照外籍船舶和航空器的管理。

六、本通知自发布之日起施行。

特此通知。

附件：在 29.5～30GHz 频段发射信号的动中通地球站操作和技术要求（略）

工业和信息化部

2019 年 6 月 11 日

工业和信息化部关于印发《卫星网络国际申报简易程序规定（试行）》的通知

工业和信息化部〔2019〕128 号

各卫星操作单位:

《卫星网络国际申报简易程序规定（试行）》已经 2019 年第 9 次部长办公会议审议通过，现印发给你们，请认真贯彻执行。

工业和信息化部

2019 年 6 月 21 日

卫星网络国际申报简易程序规定（试行）

第一条 为加快卫星网络国际申报，简化申报程序，提升申报效率，根据《中华人民共和国无线电管理条例》，制定本规定。

第二条 简易程序是指，境内卫星操作单位按照先申报后协调的原则，通过工业和信息化部向国际电信联盟（以下简称国际电联）报送卫星网络资料，并开展国内协调等相应工作的流程。

拟申报非规划频段卫星网络的提前公布资料、协调资料或规划频段的 PART A 资料，且符合下列条件之一的，适用简易程序：

（一）拟申报静止轨道卫星网络且与我国已申报的静止轨道卫星网络间隔超过 2 度（不含 2 度）；

（二）拟申报遥感和空间科学非静止轨道卫星网络；

（三）拟申报小型通信和导航试验星座系统，原则上卫星数量应少于 10 颗

（不含 10 颗）且在轨工作时间少于 3 年（不含 3 年）；

（四）国务院、中央军委批准的重大卫星工程。

其他卫星网络的申报按照《卫星网络申报协调与登记维护管理办法（试行）》（工业和信息化部无〔2017〕3 号）规定的程序开展。

涉及军事系统卫星网络申报事宜，由军队电磁频谱管理机构归口办理。

涉及香港、澳门的卫星网络申报事宜，按照内地与香港、澳门特别行政区有关规定办理。

第三条 向国际电联申报的卫星网络应当符合国际电联《无线电规则》以及《中华人民共和国无线电频率划分规定》等无线电管理相关规定和要求。涉及使用卫星业余无线电业务的，还应当符合国际业余无线电联盟有关技术和使用要求。

卫星操作单位应开展对拟申报卫星网络资料技术参数的自查，确保卫星网络资料参数特性符合上述规定和要求。

第四条 卫星操作单位依据本规定第二条向国际电联申报卫星网络的，应向工业和信息化部提交下列材料：

（一）申报文件、卫星频率和轨道资源可行性论证报告、卫星网络参数特性自查说明、卫星网络申报承诺书，涉及委托关系的，还应提供相关委托文件（有关材料清单及模板见附件 1）；

（二）使用国际电联指定软件填报生成的《无线电规则》附录 4 和相关决议所列的电子版文件；

（三）工业和信息化部要求的其他材料。

上述信息如发生重大变化，卫星操作单位应当及时向工业和信息化部报送变更后的材料。

对于卫星操作单位因申报材料不齐全、参数特性不符合规定、申报时间超过时限等自身原因造成卫星网络资料被退回、删除的，有关后果由卫星操作单位自行承担。

第五条 工业和信息化部收妥申报材料和数据库文件后，予以受理。对于符合本规定要求的卫星网络资料，由工业和信息化部报送国际电联。

第六条 卫星网络资料报送国际电联后，工业和信息化部通过电子邮件或信息系统等电子方式征求国内相关部门和单位的协调意见。需开展相应国内协调的，相关部门和单位应通过电子方式在 10 个工作日内反馈意见，并抄送申报单位。

第七条 工业和信息化部按照国际电联《无线电规则》和《中华人民共和国无线电频率划分规定》等无线电管理相关规定，根据相关部门和单位反馈的协调意见，确定卫星网络的国内协调关系，形成卫星网络国内协调清单（清单模板见附件 2）。国内协调清单通过电子方式原则上每月公布一次。

第八条 卫星网络的国内协调地位依据卫星网络资料受理时间的先后确定，必要时还应统筹考虑卫星工程规划和论证等因素。卫星网络的国内协调根据其协调地位开展，并遵循次要业务让主要业务、后用让先用、无规划让有规划的原则。

第九条 卫星网络的国内协调应当提前谋划、积极推进，最迟应在卫星出厂评审或卫星发射许可评审前一个月完成。完成国内协调及必要的国际协调后，方可申请报送卫星网络的通知资料，以及发射并投入使用卫星。对于因国内协调未完成造成卫星无法发射、通知资料无法报送、卫星系统无法正常投入使用等后果的，由卫星操作单位自行承担。

第十条 申报单位开展国内协调工作时，其他卫星操作单位应予配合，并提供协调所需的相关数据。拒不配合开展协调、经工业和信息化部催办后在规定时限内仍未提出实质性协调意见，或相关协调意见无合理数据分析支撑的，视同无协调意见。对于双方技术分歧较大、难以达成共识，或相关协调结论明显不合理的，申报单位可提请工业和信息化部组织开展专家评审，推进国内协调工作。

第十一条 涉及卫星网络的国际协调、登记和维护以及本规定未规定的其他事项，按照《卫星网络申报协调与登记维护管理办法（试行）》等有关规定执行。

第十二条 本规定自 2019 年 8 月 1 日起施行。

工业和信息化部办公厅关于印发《电信和互联网行业提升网络数据安全保护能力专项行动方案》的通知

工信厅网安〔2019〕42 号

各省、自治区、直辖市通信管理局，中国信息通信研究院，中国电子信息产业发展研究院，国家工业信息安全发展研究中心，中国电子技术标准化研究院，人民邮电报社，中国工业互联网研究院，中国互联网协会，中国通信标准化协会，中国电信集团有限公司，中国移动通信集团有限公司，中国联合网络通信集团有限公司，中国广播电视网络有限公司，有关互联网企业：

现将《电信和互联网行业提升网络数据安全保护能力专项行动方案》（工信厅网安〔2019〕42 号）印发给你们，请认真贯彻执行。

工业和信息化部办公厅

2019 年 6 月 28 日

电信和互联网行业提升网络数据安全保护能力专项行动方案

近年来，随着国家大数据发展战略加快实施，大数据技术创新与应用日趋活跃，产生和集聚了类型丰富多样、应用价值不断提升的海量网络数据，成为数字经济发展的关键生产要素。与此同时，数据过度采集滥用、非法交易及用户数据泄露等数据安全问题日益凸显，做好电信和互联网行业（以下简称行业）网络数据安全管理尤为迫切。为积极应对新形势新情况新问题，切实做好中华人民共和国成立 70 周年网络数据安全保障工作，全面提升行业网络数据安全保护能力，制定本方案。

一、总体要求

以习近平新时代中国特色社会主义思想为指导，全面贯彻党的十九大和十九届二中、三中全会精神，严格落实《网络安全法》《全国人民代表大会常务委员会关于加强网络信息保护的决定》《互联网信息服务管理办法》等法律法规，坚持维护数据安全与促进数据开发利用并重，坚持数据分类分级保护，坚持充分发挥政府引导作用、企业主体作用和社会监督作用，立足我部行业网络数据安全监管职责，开展为期一年的行业提升网络数据安全保护能力专项行动（以下简称专项行动），加快推动构建行业网络数据安全综合保障体系，为建设网络强国、助力数字经济发展提供有力保障和重要支撑。

二、工作目标

（一）通过集中开展数据安全合规性评估、专项治理和监督检查，督促基础电信企业和重点互联网企业强化网络数据安全全流程管理，及时整改消除重大数据泄露、滥用等安全隐患，2019 年 10 月底前完成全部基础电信企业（含专业公司）、50 家重点互联网企业以及 200 款主流 App 数据安全检查，圆满完成中华人民共和国成立 70 周年等重大活动网络数据安全保障工作。

（二）基本建立行业网络数据安全保障体系。网络数据安全制度标准体系进一步完善，形成行业网络数据保护目录，制定 15 项以上行业网络数据安全标准规范，贯标试点企业不少于 20 家；行业网络数据安全管理和技术支撑平台基本建成，遴选网络数据安全技术能力创新示范项目不少于 30 个；基础电信企业和重点互联网企业网络数据安全管理体系有效建立。

三、重点任务

（一）加快完善网络数据安全制度标准

1．强化网络数据安全管理制度设计。梳理对标《网络安全法》《电信和互联网用户个人信息保护规定》等法律法规要求，加快建立网络数据分类分级保护、数据安全风险评估、数据安全事件通报处置、数据对外提供使用报告等制度。部署电信和互联网企业按照法律法规要求，开展数据安全管理对标工作，健全完善企业内部网络数据全生命周期安全管理制度。

2．完善网络数据安全标准体系。推动出台行业《网络数据安全标准体系建设指南》，加快完善行业网络数据安全标准体系。制定出台行业重要数据识别指南、网络数据安全防护等重点标准，遴选企业开展贯标试点。指导中国通信标准化协会成立网络数据安全标准专项工作组，加快推动网络数据安全相关标准制定工作。

（二）开展合规性评估和专项治理

1．开展网络数据安全风险评估。出台网络数据安全合规性评估要点，依托互联网新技术新业务安全评估机制，部署基础电信企业（含专业公司）和重点互联网企业结合重点业务类型和场景，开展网络数据安全合规性自评估工作，提升企业网络数据安全风险防范能力。针对物联网、车联网、卫星互联网、人工智能等新技术新应用带来的重大互联网数据安全问题，及时开展行业评估和跨部门联合评估工作。

2．深化 App 违法违规专项治理。持续推进 App 违法违规收集使用个人信息专项治理行动，组织第三方评测机构开展 App 安全滚动式评测，对在网络数据安全和用户信息保护方面存在违法违规行为的 App 及时进行下架和公开曝光。组织开展应用商店安全责任专项部署，督促应用商店落实 App 运营者真实身份信息验证、应用程序安全检测、违法违规 App 下架等责任。创新工作模式，引导鼓励第三方机构开展 App 数据安全管理认证，探索推动应用商店等明确标识并优先推荐通过认证的 App。

3．强化网络数据安全监督执法。将企业网络数据安全责任落实情况、数据安全合规性评估落实情况作为重点内容，纳入 2019 年网络信息安全“双随机一公开”检查和基础电信企业网络与信息安全责任考核检查，采取远程测试、实地检查等方式开展监督检查，督促问题整改。持续开展数据泄露等网络数据安全和用户信息安全事件监测跟踪与执法调查，对违法违规行为及时采取约谈、公开曝光、行政处罚等措施，将处罚结果纳入电信业务经营不良名单或失信名单。

（三）强化行业网络数据安全管理

1．稳步实施网络数据资源“清单式”管理。开展电信和重点互联网企业网络数据资源调研摸底，依据网络数据重要敏感程度和泄露滥用可能造成的危害，研究形成行业网络数据保护目录，并选取重点企业开展试点应用。指导督促试点企业建立内部网络数据清单和数据分类分级管理制度，对列入目录的网络数据实施重点保护。

2．明确企业网络数据安全职能部门。指导电信和重点互联网企业加强内部网络数据安全组织保障，推动设立或明确网络数据安全管理责任部门和专职人员，负责承担企业内部网络数据安全管理工作，督促协调企业内部各相关主体和环节严格落实操作权限管理、日志记录和安全审计、数据加密、数据脱敏、访问控制、数据容灾备份等数据安全保护措施，组织开展数据安全岗位人员法律法规、知识技能等培训。

3．强化网络数据对外合作安全管理。落实《工业和信息化部关于加强基础电信企业数据安全管理规范清理数据对外合作工作的通知》等相关管理要求，督促企业定期开展网络数据对外合作业务专项排查，及时发现问题消除隐患。研究明确利用行业网络数据进行大数据开发应用的数据安全管理要求，督促企业开展合作方数据安全保障能力动态评估，充分依托合同约束、信用管理等手段强化合作方管理，切实提升网络数据共享安全管理水平。

4．加强行业网络数据安全应急管理。落实工业和信息化部相关应急预案要求，指导企业进一步健全完善企业网络数据安全事件应急处置机制，开展应急演练，落实重大网络数据安全事件报告、调查追责、向社会公告等要求。在中华人民共和国成立 70 周年等重大活动保障期间，明确企业数据安全重要岗位职责要求，强化应急响应，及时处置网络数据安全突发情况。

（四）创新推动网络数据安全技术防护能力建设

1．加强网络数据安全技术手段建设。加快建设行业网络数据安全管理和技术支撑平台，支撑开展行业数据备案管理、事件通报、溯源核查、技术检测和安全认证等工作，提升网络数据安全监管技术支撑保障能力。指导企业加大网络数据安全技术投入，加快完善数据防攻击、防窃取、防泄露、数据备份和恢复等安全技术保障措施，提升企业网络数据安全保障能力。

2. 推动网络数据安全技术创新发展。推动成立大数据安全联盟，打造网络数据安全技术交流、联合攻关和试点应用平台。组织开展网络数据安全技术最佳实践案例征集和试点示范项目评选，加大技术研发、成果转化和解决方案的支持力度，促进网络数据安全先进技术创新和产品服务应用推广。制定发布网络数据安全产业发展白皮书。

3. 加强专业支撑队伍建设。成立行业网络数据安全专家委员会，为网络数据安全政策标准制定、关键技术研究、重大网络数据安全风险评估、网络数据安全示范项目评审等提供决策支撑。委托中国信息通信研究院、中国电子信息产业发展研究院、中国电子技术标准化研究院、中国互联网协会、中国通信标准化协会等单位开展面向行业的网络数据安全法律法规和政策标准宣贯、技能培训和测试检查。

（五）强化社会监督和宣传交流

1. 强化社会监督和行业自律。依托中国互联网协会 12321 网络不良与垃圾信息举报受理中心，建立网络数据违法违规行为举报平台，及时受理用户投诉举报。强化行业自律，指导中国互联网协会联合基础电信企业、重点互联网企业、第三方机构等签署网络数据安全自律公约，引导企业自觉履行数据安全保护义务，努力提高数据安全保护水平。

2. 加强宣传展示和国际交流。充分利用中国互联网大会、中国国际大数据产业博览会、国家网络安全宣传周等，指导相关单位举办网络数据安全论坛，开展网络数据安全主题宣传日等活动，促进网络数据安全管理和技术经验交流，提升全行业数据安全意识。加强数据安全国际交流合作，利用世界互联网大会、中欧数字经济与网络安全会议等，积极开展数据安全管理经验交流和信息共享。

四、工作安排

（一）工作部署阶段（2019 年 7 月）。部制定印发专项行动方案，组织开展宣贯部署，向各单位、各企业制定印发工作任务清单，明确各项任务时间节点和工作要求。

（二）重点保障阶段（2019 年 8—10 月）。部组织完成电信和重点互联网企业网络数据资源调研摸底，明确数据安全合规性评估要点，指导完成各省级基础电信企业和重点互联网企业重点环节数据安全合规性评估，持续开展 App 违法违规收集使用个人信息专项治理，组织完成对重点企业网络数据安全责任落实情况的监督检查和隐患整改，全力做好中华人民共和国成立 70 周年网络数据安全保障工作。

（三）长效建设阶段（2019 年 11 月—2020 年 5 月）。总结固化中华人民共和国成立 70 周年网络数据安全保障工作经验，重点围绕关键制度、重点标准、技术手段、示范项目、支撑队伍等方面，加快推进完成重点任务举措，推动建立网络数据安全管理长效机制。

（四）总结提升阶段（2020 年 6—7 月）。各单位、各企业梳理总结专项行动完成情况、工作成效及问题，形成工作总结报部（网络安全管理局）。部组织对专项行动工作情况进行总结通报，对典型经验做法进行推广，巩固相关工作成效。

五、工作要求

（一）加强组织领导。各单位要充分认识加快提升行业网络数据安全保护能力的重要性和紧迫性，结合本单位实际，精心组织，周密部署，迅速行动，确保专项行动顺利开展。部网络安全管理局牵头做好专项行动总体部署、推进落实、督导检查等工作；各地通信管理局结合实际，组织开展属地网络数据安全能力提升专项行动各项工作。

（二）明确任务分工。各企业要明确责任部门和责任人，对照任务清单，坚持问题导向，逐一细化工作措施和责任分工，做到措施到位、责任到人，确保专项行动各项任务落实到位、取得实效。中国信息通信研究院、中国电子信息产业发展研究院、中国电子技术标准化研究院、人民邮电报社、中国互联网协会、中国通信标准化协会等单位要做好相关支撑保障工作。

（三）强化监督检查。部和各地通信管理局组织对各单位、各企业专项行动落实情况进行督导检查，指导督促基础电信企业和互联网企业进一步落实相关制度标准要求，健全完善企业网络数据安全合规管理体系，对存在的问题及时督促整改。

（四）加强宣传通报。各单位、各企业要建立信息通报机制，及时总结专项行动进展和成效，每月底前将工作进展情况、取得成效、问题和建议报部网络安全管理局。大力宣传专项行动新进展、新动态及典型经验做法，营造全行业重视网络数据安全、自觉维护网络数据安全的良好氛围，推动专项行动扎实深入开展。

工业和信息化部 教育部 人力资源和社会保障部 生态环境部 国家卫生健康委员会 应急管理部 国务院国有资产监督管理委员会 国家市场监督管理总局 国家能源局 国家国防科技工业局 关于印发加强工业互联网安全工作的指导意见的通知

工业和信息化部联网安〔2019〕168号

各省、自治区、直辖市及计划单列市、新疆生产建设兵团工业和信息化、教育、人力资源社会保障、生态环境、卫生健康、应急管理、国有资产监管、市场监管、能源、国防科技工业主管部门，各省、自治区、直辖市通信管理局：

现将《加强工业互联网安全工作的指导意见》印发给你们，请结合工作实际，抓好贯彻落实。

工业和信息化部 教育部

人力资源和社会保障部 生态环境部

国家卫生健康委员会 应急管理部

国务院国有资产监督管理委员会 国家市场监督管理总局

国家能源局 国家国防科技工业局

2019年7月26日

加强工业互联网安全工作的指导意见

按照《国务院关于深化“互联网+先进制造业”发展工业互联网的指导意见》（以下简称《指导意见》）部署，为加快构建工业互联网安全保障体系，提升工业互联网安全保障能力，促进工业互联网高质量发展，推动现代化经济体系建设，护航制造强国和网络强国战略实施，现就加强工业互联网安全工作提出如下意见。

一、总体要求

（一）指导思想

坚持以习近平新时代中国特色社会主义思想为指导，全面贯彻党的十九大和十九届二中、三中全会精神，按照《指导意见》有关要求，围绕设备、控制、网络、平台、数据安全，落实企业主体责任、政府监管责任，健全制度机制、建设技术手段，促进产业发展，强化人才培育，构建责任清晰、制度健全、技术先进的工业互联网安全保障体系，覆盖工业互联网规划、建设、运行等全生命周期，形成事前防范、事中监测、事后应急能力，全面提升工业互联网创新发展安全保障能力和服务水平。

（二）基本原则

筑牢安全，保障发展。以安全保发展，以发展促安全。严格落实《中华人民共和国网络安全法》等法律法规，按照谁运营谁负责、谁主管谁负责的原则，坚持发展与安全并重，安全和发展同步规划、同步建设、同步运行。

统筹指导，协同推进。做好顶层设计和系统谋划，结合各地实际，突出重点，分步协同推进，加快构建工业互联网安全保障体系，确保安全工作落实到位。

分类施策，分级管理。根据行业重要性、企业规模、安全风险程度等因素，对企业实施分类分级管理，集中力量指导、监管重要行业、重点企业提升工业互联网安全保障能力，夯实企业安全主体责任。

融合创新，重点突破。基于工业互联网融合发展特性，创新安全管理机制和技术手段，鼓励推动重点领域技术突破，加快安全可靠产品的创新推广应用，有效应对新型安全挑战。

（三）总体目标

到 2020 年底，工业互联网安全保障体系初步建立。制度机制方面，建立监督检查、信息共享和通报、应急处置等工业互联网安全管理制度，构建企业安全主体责任制，制定设备、平台、数据等至少 20 项亟需的工业互联网安全标准，探索构建工业互联网安全评估体系。技术手段方面，初步建成国家工业互联网安全技术保障平台、基础资源库和安全测试验证环境。产业发展方面，在汽车、电子信息、航空航天、能源等重点领域，形成至少 20 个创新实用的安全产品、解决方案的试点示范，培育若干具有核心竞争力的工业互联网安全企业。

到 2025 年，制度机制健全完善，技术手段能力显著提升，安全产业形成规模，基本建立起较为完备可靠的工业互联网安全保障体系。

二、主要任务

（一）推动工业互联网安全责任落实

1．依法落实企业主体责任。工业互联网企业明确工业互联网安全责任部门和责任人，建立健全重点设备装置和系统平台联网前后的风险评估、安全审计等制度，建立安全事件报告和问责机制，加大安全投入，部署有效安全技术防护手段，保障工业互联网安全稳定运行。由网络安全事件引发的安全生产事故，按照安全生产有关法规进行处置。

2．政府履行监督管理责任。工业和信息化部组织开展工业互联网安全相关政策制定、标准研制等综合性工作，并对装备制造、电子信息及通信等主管行业领域的工业互联网安全开展行业指导管理。地方工业和信息化主管部门指导本行政区域内应用工业互联网的工业企业的安全工作，同步推进安全产业发展，并联合应急管理部门推进工业互联网在安全生产监管中的作用；地方通信管理局监管本行政区域内标识解析系统、公共工业互联网平台等的安全工作，并在公共互联网上对联网设备、系统等进行安全监测。生态环境、卫生健康、能源、国防科技工业等部门根据各自职责，开展本行业领域工业互联网推广应用的安全指导、监管工作。

（二）构建工业互联网安全管理体系

3．健全安全管理制度。围绕工业互联网安全监督检查、风险评估、数据保护、信息共享和通报、应急处置等方面建立健全安全管理制度和工作机制，强化对企业的安全监管。

4．建立分类分级管理机制。建立工业互联网行业分类指导目录、企业分级指标体系，制定工业互联网行业企业分类分级指南，形成重点企业清单，强化逐级负责的政府监管模式，实施差异化管理。

5．建立工业互联网安全标准体系。推动工业互联网设备、控制、网络（含标识解析系统）、平台、数据等重点领域安全标准的研究制定，建设安全技术与标准试验验证环境，支持专业机构、企业积极参与相关国际标准制定，加快标准落地实施。

（三）提升企业工业互联网安全防护水平

6．夯实设备和控制安全。督促工业企业部署针对性防护措施，加强工业生产、主机、智能终端等设备安全接入和防护，强化控制网络协议、装置装备、工业软件等安全保障，推动设备制造商、自动化集成商与安全企业加强合作，提升设备和控制系统的本质安全。

7．提升网络设施安全。指导工业企业、基础电信企业在网络化改造及部署IPv6、应用5G的过程中，落实安全标准要求并开展安全评估，部署安全设施，提升企业内外网的安全防护能力。要求标识解析系统的建设运营单位同步加强安全防护技术能力建设，确保标识解析系统的安全运行。

8．强化平台和工业应用程序（App）安全。要求工业互联网平台的建设、运营单位按照相关标准开展平台建设，在平台上线前进行安全评估，针对边缘层、IaaS层（云基础设施）、平台层（工业PaaS）、应用层（工业SaaS）分层部署安全防护措施。建立健全工业App应用前安全检测机制，强化应用过程中用户信息和数据安全保护。

（四）强化工业互联网数据安全保护能力

9．强化企业数据安全防护能力。明确数据收集、存储、处理、转移、删除等环节安全保护要求，指导企业完善研发设计、工业生产、运维管理、平台知识机理和数字化模型等数据的防窃密、防篡改和数据备份等安全防护措施，鼓励商用密码在工业互联网数据保护工作中的应用。

10．建立工业互联网全产业链数据安全管理体系。依据工业门类领域、数据类型、数据价值等建立工业互联网数据分级分类管理制度，开展重要数据出境安全评估和监测，完善重大工业互联网数据泄露事件触发响应机制。

（五）建设国家工业互联网安全技术手段

11．建设国家、省、企业三级协同的工业互联网安全技术保障平台。工业和信息化部统筹建设国家工业互联网安全技术保障平台。工业基础较好的省、自治区、直辖市先期试点建设省级技术保障平台。支持鼓励机械制造、电子信息、航空航天等重点行业企业建设企业级安全平台，强化地方、企业与国家平台之间的系统对接、数据共享、业务协作，打造整体态势感知、信息共享和应急协同能力。

12．建立工业互联网安全基础资源库。建设工业互联网资产目录库、工业协议库、安全漏洞库、恶意代码病毒库和安全威胁信息库等基础资源库，推动研制面向典型行业工业互联网安全应急处置、安全事件现场取证等工具集，加强工业互联网安全资源储备。

13．建设工业互联网安全测试验证环境。搭建面向机械制造、电子信息、航空航天等行业的工业互联网安全攻防演练环境，测试、验证各环节存在的网络安全风险以及相应的安全防护解决方案，提升识别安全隐患、抵御安全威胁、化解安全风险的能力。

（六）加强工业互联网安全公共服务能力

14．开展工业互联网安全评估认证。构建工业互联网设备、网络、平台、工业 App 等的安全评估体系，依托产业联盟、行业协会等第三方机构为工业互联网企业持续开展安全能力评测评估服务，推动工业互联网安全测评机构的审核认定。

15．提升工业互联网安全服务水平。鼓励和支持专业机构、网络安全企业等提供安全诊断评估、安全咨询、数据保护、代码检查、系统加固、云端防护等服务。鼓励基础电信企业、互联网企业、系统解决方案提供商等依托专业技术优势，加强与工业互联网企业的需求对接，输出安全保障服务。

（七）推动工业互联网安全科技创新与产业发展

16．支持工业互联网安全科技创新。加大对工业互联网安全技术研发和成果转化的支持力度，强化标识解析系统安全、平台安全、工业控制系统安全、数据安全、5G 安全等相关核心技术研究，加强攻击防护、漏洞挖掘、态势感知等安全产品研发。支持通过众测众研等创新方式，聚集社会力量，提升漏洞隐患发现技术能力。支持专业机构、高校、企业等联合建设工业互联网安全创新中心和安全实验室。探索利用人工智能、大数据、区块链等新技术提升安全防护水平。

17．促进工业互联网安全产业发展。充分利用国家和地方网络安全产业园（基地）等形式，整合相关行业资源，打造产学研用协同创新发展平台，形成工业互联网安全对外展示和市场服务能力，培育一批核心技术水平高、市场竞争能力强、辐射带动范围广的工业互联网安全企业。在汽车、电子信息、航空航天、能源等重点领域开展试点示范，遴选优秀安全解决方案和最佳实践，并加强应用推广。

三、保障措施

（一）加强组织领导，健全工作机制。在工业互联网专项工作组的统一指导下，加强统筹协调，强化部门协同、部省合作，构建各负其责、紧密配合、运转高效的工作机制。各地工业和信息化、教育、人力资源社会保障、生态环境、卫生健康、应急管理、国有资产监管、市场监管、能源、国防科技工业等主管部门及地方通信管理局要加强配合，形成合力。

（二）加大支持力度，优化创新环境。各地相关部门要结合本地工业互联网发展现状，优化政府支持机制和方式，加大对工业互联网安全的支持力度，鼓励企业技术创新和安全应用，加快建设工业互联网安全技术手段，推动安全产业集聚发展。

（三）发挥市场作用，汇聚多方力量。充分发挥市场在资源配置中的决定性作用，以工业互联网企业的安全需求为着力点，形成市场需求牵引、政府支持推动的发展局面。汇聚政产学研用多方力量，逐步建立覆盖决策研究、公共研发、标准推进、联盟论坛、人才培养等的创新支撑平台，形成支持工业互联网安全发展合力。

（四）加强宣传教育，加快人才培养。深入推进产教融合、校企合作，建立安全人才联合培养机制，培养复合型、创新型高技能人才。开展工业互联网安全宣传教育，提升企业和相关从业人员网络安全意识。开展网络安全演练、安全竞赛等，培养选拔不同层次的工业互联网安全从业人员。依托国家专业机构等，打造技术领先、业界知名的工业互联网安全高端智库。

工业和信息化部关于开展
App 侵害用户权益专项整治工作的通知

工业和信息化部信管函〔2019〕337 号

各省、自治区、直辖市通信管理局，中国信息通信研究院、中国互联网协会，各相关单位：

当前，App 违规收集个人信息、过度索权、频繁骚扰、侵害用户权益等问题突出，群众反映强烈，社会关注度高。结合 2019 年信息通信行业行风建设暨纠风工作安排，我部决定组织开展 App 侵害用户权益专项整治行动工作。有关事项通知如下。

一、整治内容

依据《网络安全法》《电信条例》《规范互联网信息服务市场秩序若干规定》（工业和信息化部令第 20 号）、《电信和互联网用户个人信息保护规定》（工业和信息化部令第 24 号）和《移动智能终端应用软件预置和分发管理暂行规定》（工业和信息化部信管〔2016〕407 号）等法律法规和规范性文件要求，聚焦人民群众反映强烈和社会高度关注的侵犯用户权益行为，重点对以下 4 个方面 8 类问题开展规范整治工作。

（一）违规收集用户个人信息方面

1．“私自收集个人信息”。即 App 未明确告知收集使用个人信息的目的、方式和范围并获得用户同意前，收集用户个人信息。

2．“超范围收集个人信息”。即 App 收集个人信息，非服务所必需或无合理应用场景，超范围或超频次收集个人信息，如通讯录、位置、身份证、人脸等。

（二）违规使用用户个人信息方面

3．“私自共享给第三方”。即 App 未经用户同意与其他应用共享、使用用户个人信息，如设备识别信息、商品浏览记录、搜索使用习惯、常用软件应用列表等。

4．“强制用户使用定向推送功能”。即 App 未向用户告知，或未以显著方式标示，将收集到的用户搜索、浏览记录、使用习惯等个人信息，用于定向推送或精准营销，且未提供关闭该功能的选项。

（三）不合理索取用户权限方面

5．“不给权限不让用”。即 App 安装和运行时，向用户索取与当前服务场景无关的权限，用户拒绝授权后，应用退出或关闭。

6．“频繁申请权限”。即 App 在用户明确拒绝权限申请后，频繁申请开启通讯录、定位、短信、录音、相机等与当前服务场景无关的权限，骚扰用户。

7．“过度索取权限”。即 App 在用户未使用相关功能或服务时，提前申请开启通讯录、定位、短信、录音、相机等权限，或超出其业务功能或服务外，申请通讯录、定位、短信、录音、相机等权限。

（四）为用户账号注销设置障碍方面

8．“账号注销难”。即 App 未向用户提供账号注销服务，或为注销服务设置不合理的障碍。

二、整治对象

本次专项整治工作主要面向两类对象：一是App服务提供者，主要检查是否存在前述8类问题；二是App分发服务提供者，含应用商店和基础电信企业营业厅等承担App分发功能的各类企业，主要检查是否落实《移动智能终端应用软件预置和分发管理暂行规定》（工业和信息化部信管〔2016〕407号）等有关要求。

三、工作安排

专项整治工作时间为通知印发之日至2019年12月20日。分三个阶段实施。

（一）企业自查自纠阶段（通知印发之日起至11月10日）。App服务提供者对照前述8类问题认真开展自查，发现问题及时整改；App分发服务提供者组织对所分发App进行全面检查，对存在问题的违规应用软件予以督促整改，拒不改正的应组织予以下架处理。

（二）监督抽查阶段（2019年11月11日至11月30日）。我部将组织第三方检测机构对App进行技术检测和检查，重点抽测与群众生活密切相关、下载使用量较大的App产品和分发平台。对群众反映强烈、难以接受、认为不合理的App，我部将组织电信用户委员会、中国互联网协会以及相关媒体机构开展用户和专家评议。各省、自治区、直辖市通信管理局可根据本地实际情况开展检查工作，并将结果报部（信息通信管理局）。

（三）结果处置阶段（2019 年 12 月 1 日至 12 月 20 日）。我部将对存在问题的 App 统一进行通报，依法依规予以处理，具体措施包括责令整改、向社会公告、组织 App 下架、停止 App 接入服务，以及将受到行政处罚的违规主体纳入电信业务经营不良名单或失信名单等。

四、工作要求

（一）切实提高思想认识。各单位要坚决贯彻落实以人民为中心的发展思想，切实提高政治站位，高度重视本次专项整治工作，精心组织、周密部署，细化整治措施，着力解决群众最关心最直接最现实的利益问题，务求取得实效。

（二）畅通用户投诉渠道。专项整治工作期间，各企业应畅通用户投诉渠道，完善投诉处理服务机制和流程。中国互联网协会应通过互联网信息服务投诉平台或 12321 举报中心接受群众投诉，及时汇总处理用户反映的相关问题。

（三）巩固建立长效机制。App 用户量大、影响面广、耦合性强，规范管理工作涉及主体多、链条长，需要企业自律、社会监督和政府监管的协同共治。各单位要以此次专项整治工作为契机，不断总结经验、分析原因、举一反三、巩固成效，为后续规范行业管理奠定基础。

特此通知。

工业和信息化部

2019 年 10 月 31 日

工业和信息化部关于调整 800MHz 频段数字集群通信系统频率使用规划的通知

工业和信息化部无〔2019〕237 号

各省、自治区、直辖市无线电管理机构：

为进一步满足社会对数字集群通信的需求，推动无线电新技术、新业务应用发展，有效提高频率使用效率和效益，促进数字集群通信产业健康发展，经研究，现对 806～821/851～866MHz 频段（以下简称 800MHz 频段）数字集群通信系统频率使用规划进行调整。有关事项通知如下。

一、新增基于 PDT（专用数字集群通信系统）技术体制的数字集群通信系统使用 800MHz 频段，基于 iDEN、GoTa 和 GT800 技术体制的数字集群通信系统不再规划使用 800MHz 频段。相关系统的无线电发射设备技术要求详见附件 1。

二、800MHz 频段基于 PDT 技术体制的数字集群通信系统共划分 1200 个信道，相关系统信道配置详见附件 2。

三、使用上述频率应向无线电管理机构申请无线电频率使用许可。国家无线电管理机构负责实施 806～816/851～861MHz 频段无线电频率使用许可；各省、自治区、直辖市无线电管理机构负责实施 816～821/861～866MHz 频段无线电频率使用许可。

四、806～816/851～861MHz 频段频率主要用于服务范围涉及三个及以上省、自治区、直辖市的数字集群通信系统，以及其他特殊需求的数字集群通信系统。816～821/861～866MHz 频段频率主要用于服务范围涉及本省、自治区、直辖市范围内的数字集群通信系统，以及相邻两省、自治区、直辖市范围内的数字集群通信系统。

五、各级无线电管理机构在实施 800MHz 频段数字集群通信系统频率使用许可时，应充分考虑不同技术体制对同一基站内不同载波间频率间隔需求，合理开展频率使用许可工作，充分发挥频率使用效率和效益。对机场、港口等频率使用数量较少的网络，可依据实际使用情况为其许可离散频率，以确保许可的频率有效使用；对于政务专网等覆盖范围较大、频率使用数量较多的网络，在满足系统频率复用要求和基站内各载波频率间隔要求前提下，可依据实际情况许可连续频率。

六、当 816～821/861～866MHz 频段难以满足当地数字集群通信系统频率使用需求时，各省、自治区、直辖市无线电管理机构可根据本地实际，向国家无线电管理机构申请 806～816/851～861MHz 频段部分频率许可权限。经国家无线电管理机构同意后，省、自治区、直辖市无线电管理机构可以进行相关部分频段的无线电频率使用许可工作。

七、800MHz 频段数字集群通信系统原则上应以集群组网模式部署，不得采用直通模式或常规转信模式作为日常通信方式。

八、使用 800MHz 频段数字集群通信系统频率，其频率使用率要求为频段占用度不低于 70%，区域覆盖率不低于 50%，用户承载率不低于 50%，年时间占用度不低于 60%。

九、在 800MHz 频段内设置、使用的数字集群通信系统手持台、车载台等终端设备参照地面公众移动通信终端管理，无需取得无线电台执照；设置、使用基站和直放站，应按照《中华人民共和国无线电管理条例》要求，向相关省、自治区、直辖市无线电管理机构申请取得无线电台执照。

十、生产或者进口在我国境内销售、使用的 800MHz 频段数字集群通信系统无线电发射设备，应按照有关规定向国家无线电管理机构申请并取得无线电发射设备型号核准证。

十一、自 2020 年 1 月 1 日起，国家无线电管理机构不再受理基于 iDEN、GoTa 和 GT800 技术体制的 800MHz 频段新的无线电发射设备型号核准申请；各级无线电管理机构不再受理基于上述技术体制的 800MHz 频段数字集群通信系统新的频率使用许可申请，已获得许可的相关数字集群通信系统设备和终端可使用至报废为止。

十二、800MHz 频段数字集群通信系统频率占用费按照国家有关规定执行。

十三、各省、自治区、直辖市无线电管理机构应当根据本地 800MHz 频段数字集群通信系统使用情况，结合本通知要求，及时更新、完善本地区 800MHz 频段数字集群通信系统的频率使用规划，做好不同技术体制间系统的兼容共存。

十四、利用数字集群通信系统提供数字集群通信业务，应符合电信业务管理相关政策。

十五、此前相关规定与本通知不符的，以本通知为准。

特此通知。

工业和信息化部

2019 年 11 月 1 日

工业和信息化部关于印发《携号转网服务管理规定》的通知

工业和信息化部信管〔2019〕242号

各省、自治区、直辖市通信管理局，中国电信集团有限公司、中国移动通信集团有限公司、中国联合网络通信集团有限公司、中国广播电视网络有限公司，其他相关单位：

现将《携号转网服务管理规定》印发给你们，请认真遵照执行。

工业和信息化部

2019年11月11日

携号转网服务管理规定

为加强携号转网服务管理，提升行业服务质量，不断增强人民群众的获得感，根据《中华人民共和国电信条例》《电信服务规范》及相关法规和规章，制定本规定。

一、电信业务经营者应当遵循方便用户、公平公正、诚实守信、协同配合的原则，建立健全服务体系，落实企业主体责任，为用户提供高质量的携号转网服务。

二、本规定所称携号转网服务，是指在同一本地网范围内，蜂窝移动通信用户（不含物联网用户）变更签约的基础电信业务经营者而用户号码保持不变的一项服务。

三、工业和信息化部和各省、自治区、直辖市通信管理局（以下统称电信管理机构）依法依规对携号转网服务进行监督管理。

四、用户可以依据本规定向电信业务经营者提出申请，办理携号转网。

五、电信业务经营者应当为用户提供便捷的携号转网服务，明确服务办理条件和流程并向社会公开。

六、电信业务经营者应当将携号转入用户视同为本网新入网用户，严格落实电话用户实名登记有关规定，并确保携号转入用户在同等条件下享有同等权利。

七、电信业务经营者应当通过适当方式明确告知用户办理携号转网服务可能面临的风险和损失，并获得用户确认。

八、全面推进携号转网是践行以人民为中心发展思想的重要举措。电信业务经营者要把实现好、维护好、发展好最广大用户根本利益作为出发点和落脚点，把服务群众同满足需求相结合，切实做好相关政策落地保障工作。电信业务经营者应遵守相关法律法规，共同维护健康有序的市场环境；应相互配合，确保用户携号转网服务正常办理和携号转网后的通信服务质量。

九、电信业务经营者在提供携号转网服务过程中，不得有下列行为：

（一）无正当理由拒绝、阻止、拖延向用户提供携号转网服务；

（二）用户提出携号转网申请后，干扰用户自由选择；

（三）擅自扩大在网期限协议范围，将无在网期限限制的协议有效期和营销活动期默认为在网约定期限，限制用户携号转网；

（四）采取拦截、限制等技术手段影响携号转网用户的通信服务质量；

（五）在携号转网服务以及相关资费方案的宣传中进行比较宣传，提及其他电信业务经营者名称（包括简称、标识）和资费方案名称等；编造、传播携号转网虚假信息或者误导性信息，隐瞒或淡化限制条件、夸大优惠事项或携号转网影响、欺骗误导用户，诋毁其他电信业务经营者；

（六）为携号转网用户设置专项资费方案和营销方案；

（七）利用恶意代客办理携号转网、恶意代客申诉等各种方式，妨碍、破坏其他电信业务经营者携号转网服务正常运行；

（八）用户退网后继续占用该携入号码；

（九）其他违规行为。

十、电信业务经营者应当根据本规定制定携号转网服务细则并及时向社会公布，同时报工业和信息化部。

十一、电信业务经营者应当按照国家有关法律法规和政策标准要求，同步做好网络与信息安全保障工作。

十二、用户应当配合电信业务经营者依法开展身份信息一致性验证等相关工作。

十三、电信管理机构对电信业务经营者的携号转网服务实施监督检查。

十四、违反本规定的，电信管理机构依据《中华人民共和国电信条例》等有关规定予以处理。

十五、本规定自 2019 年 12 月 1 日起施行。《移动电话用户号码携带试验管理办法》（工业和信息化部电管函〔2014〕144 号）同时废止。

工业和信息化部办公厅关于印发“5G+工业互联网”512 工程推进方案的通知

工信厅信管〔2019〕78 号

各省、自治区、直辖市及计划单列市、新疆生产建设兵团工业和信息化主管部门，各省、自治区、直辖市及计划单列市通信管理局：

现将《“5G+工业互联网”512 工程推进方案》印发给你们，请认真贯彻执行。

工业和信息化部办公厅

2019 年 11 月 19 日

“5G+工业互联网”512 工程推进方案

工业互联网是第四次工业革命的关键支撑，5G 是新一代信息通信技术演进升级的重要方向，二者都是实现经济社会数字化转型的重要驱动力量。5G 与工业互联网的融合创新发展，将推动制造业从单点、局部的信息技术应用向数字化、网络化和智能化转变，也为 5G 开辟更为广阔的市场空间，从而有力支撑制造强国、网络强国建设。当前，我国产业界推进 5G 与工业互联网融合创新的积极性不断提升，“5G+工业互联网”内网建设改造覆盖的行业领域日趋广泛，应用范围向生产制造核心环节持续延伸，叠加倍增效应和巨大应用潜力不断释放。但是，5G 与工业互联网融合创新仍处于起步期，产业基础有待进一步夯实，路径模式有待进一步探索，发展环境有待进一步完善。为推动“5G+

工业互联网”512 工程加速落地，高质量推进 5G 与工业互联网融合创新，制定本方案。

一、发展目标

到 2022 年，突破一批面向工业互联网特定需求的 5G 关键技术，“5G+工业互联网”的产业支撑能力显著提升；打造 5 个产业公共服务平台，构建创新载体和公共服务能力；加快垂直领域“5G+工业互联网”的先导应用，内网建设改造覆盖 10 个重点行业；打造一批“5G+工业互联网”内网建设改造标杆、样板工程，形成至少 20 大典型工业应用场景；培育形成 5G 与工业互联网融合叠加、互促共进、倍增发展的创新态势，促进制造业数字化、网络化、智能化升级，推动经济高质量发展。

二、提升“5G+工业互联网”网络关键技术产业能力

（一）加强“5G+工业互联网”技术标准攻关

对标工业生产环境和现有网络体系，着力突破 5G 超级上行、高精度室内定位、确定性网络、高精度时间同步等新兴技术，着力突破 5G 在工业复杂场景下对高实时、高可靠、高精度等工业应用的承载能力瓶颈。发挥国家工业互联网标准协调推进组、总体组和专家咨询组的作用，统筹中国通信标准化协会（CCSA）及相关行业标准化组织，研究制定“5G+工业互联网”融合标准体系，完善融合技术、应用标准。

（二）加快“5G+工业互联网”融合产品研发和产业化

加快工业级5G芯片和模组、网关，以及工业多接入边缘计算（MEC）等通信设备的研发与产业化，促进5G技术与可编程逻辑控制器（PLC）、分布式控制系统（DCS）等工业控制系统的融合创新，培育“5G+工业互联网”特色产业。

（三）加快“5G+工业互联网”网络技术和产品部署实施

深入研究工厂内5G网络部署架构、网络配置、业务部署、网络和数据安全、频谱分配等关键问题，形成覆盖重点行业的网络部署架构及方案。推动基础电信企业结合5G独立组网和应用，为具备条件的工业企业进行工业互联网内网设计、建设和管理运维，探索可持续发展的商业模式。

三、提升“5G+工业互联网”创新应用能力

（一）打造5个内网建设改造公共服务平台

依托工业互联网创新发展工程，打造5个工业互联网企业内5G网络化改造及推广服务平台，建设满足工业企业开展5G网络应用研发验证的网络测试环境，为中小企业提供“5G+工业互联网”内网建设改造模板，开展应用咨询及研发培训，提升公共服务能力。

（二）遴选10个“5G+工业互联网”重点行业

基于“应用相对普遍、融合程度较深、产业影响较大、产业链中上游”

的原则，选择10个重点行业，鼓励各地建设“5G+工业互联网”融合应用先导区，打造“5G+工业互联网”园区网络，引领5G技术在垂直行业的融合创新。

（三）挖掘20个“5G+工业互联网”典型应用场景

依托工业互联网创新发展工程、工业互联网试点示范，打造一批“5G+工业互联网”内网建设改造标杆、样板工程，鼓励工业企业将生产流程优化与内网建设改造相结合，推动5G网络部署应用从生产外围环节向生产内部环节延伸，挖掘提炼至少20个可复制、可推广的典型工业应用场景，形成“5G+工业互联网”内网建设改造示范引领效应。

（四）建设“5G+工业互联网”测试床

鼓励企业、高校和科研机构、产业联盟等联合建设“5G+工业互联网”技术测试床，开展融合技术、标准、设备、解决方案的研发研制、试验验证、评估评测等工作。面向“5G+工业互联网”10个重点行业，鼓励各方联合建设行业应用测试床，提升垂直领域的5G应用创新能力。

四、提升“5G+工业互联网”资源供给能力

（一）打造“5G+工业互联网”项目库

建立地方工业和信息化主管部门、通信管理局、工业互联网产业联盟和基础电信企业等多途径的“5G+工业互联网”项目上报机制，遴选优质项目纳入项目库，全面掌握我国“5G+工业互联网”实际建设需求和推进情况，滚动更

新项目库。

（二）培育“5G+工业互联网”解决方案供应商

通过工业互联网创新发展工程、工业互联网试点示范、国家新型工业化产业示范基地（工业互联网方向）等多种途径，支持基础电信企业、通信设备企业、工业企业等结合自身优势、立足各自主业，拓展工业互联网内网建设改造服务，培育一批既懂5G又懂工业的解决方案供应商。

（三）构建“5G+工业互联网”供给资源池

遴选面向“5G+工业互联网”的各类型优质服务提供商，构建供给资源池，并向社会公布。依托工业互联网产业联盟、5G应用产业方阵等产业组织，促进“5G+工业互联网”内网建设改造供需双方开展务实合作。

五、加强宣传引导和经验推广

（一）加大宣传引导力度

聚焦工业互联网内网建设改造应用，鼓励开展“5G+工业互联网”主题研讨会、经验交流会、产业峰会等形式多样的活动，宣传展示“5G+工业互联网”内网建设改造的重要价值和典型案例，进一步凝聚各方共识，营造良好氛围。

（二）开展经验总结推广

指导地方结合实际制定利用5G技术建设改造工业互联网内网的实施方

案，提升地方 5G 和工业互联网发展水平，形成具有区域特色的创新应用格局。指导工业互联网产业联盟、5G 应用产业方阵编制发布《5G 与工业互联网融合发展白皮书》、“5G+工业互联网”内网建设改造案例集以及年度报告，总结适合我国产业发展实际需要的路径模式。

工业和信息化部关于印发
《增强机器类通信系统频率使用管理规定（暂行）》的通知

工业和信息化部无〔2019〕248号

各省、自治区、直辖市无线电管理机构，国家无线电监测中心，相关单位：

现将《增强机器类通信系统频率使用管理规定（暂行）》印发给你们，请认真贯彻执行。

工业和信息化部

2019年11月19日

增强机器类通信系统频率使用管理规定（暂行）

为推动物联网产业发展，促进增强机器类通信（以下简称eMTC）技术的应用，根据《中华人民共和国无线电管理条例》和《中华人民共和国无线电频率划分规定》，结合我国无线电频率使用规划和使用情况，制定本规定。

一、eMTC系统使用无线电频率应当取得无线电频率使用许可，拟申请使用的频段应符合以下条件之一：

（一）已规划用于LTE的800MHz、900MHz、1800MHz、1900MHz和2100MHz等公众移动通信频段；

（二）已规划用于LTE的1447～1467MHz和1785～1805MHz等专用移动通信频段。

二、上述公众移动通信频段的eMTC系统频率使用许可由国家无线电管理机构实施，专用移动通信频段的 eMTC 系统频率使用许可由所在地省、自治区、直辖市无线电管理机构实施。

涉及经营电信业务的，相关单位应当依法依规办理电信业务经营许可。

三、生产、进口 eMTC 系统使用的无线电发射设备，应向国家无线电管理机构申请无线电发射设备型号核准。

上述公众移动通信频段的 eMTC 系统基站设备射频技术要求详见附件 1，终端设备应符合有关国家标准（附件 2）。专用移动通信频段的 eMTC 系统基站和终端设备射频技术要求按照《工业和信息化部关于 1447-1467 兆赫兹（MHz）频段宽带数字集群专网系统频率使用事宜的通知》（工业和信息化部无〔2015〕59 号）和《工业和信息化部关于重新发布 1785-1805MHz 频段无线接入系统频率使用事宜的通知》（工业和信息化部无〔2015〕65 号）等无线电管理规定执行。

四、eMTC 系统基站的设置、使用应按照《工业和信息化部关于公众移动通信基站设置、使用管理有关事宜的通知》（工业和信息化部无〔2017〕330 号）执行，由基站所在地省、自治区、直辖市无线电管理机构实施许可。eMTC 终端按照地面公众移动通信终端管理，无需办理无线电台执照。

五、eMTC 系统与其他无线电系统的干扰协调工作，应按附件 3 中有关无线电管理规定执行。

相关单位应做好 eMTC 系统与现有公众移动通信和专用移动通信网络之间的频率使用优化工作，切实提高频率利用率。网络运行期间，遇有无线电干扰时，应积极配合无线电管理机构做好干扰查处工作。

六、本规定自 2020 年 1 月 1 日起施行。

附件：

1．公众移动通信 eMTC 系统基站射频技术要求

2．公众移动通信 eMTC 系统终端射频技术要求

3．eMTC 系统干扰协调相关管理规定

工业和信息化部办公厅关于印发《开展第二类增值电信业务相关许可事项告知承诺审批试点工作实施方案》的通知

工信厅信管〔2019〕86号

天津、河北、辽宁、黑龙江、上海、江苏、浙江、福建、山东、河南、湖北、广东、广西、海南、重庆、四川、云南、陕西省（自治区、直辖市）通信管理局：

现将《开展第二类增值电信业务相关许可事项告知承诺审批试点工作实施方案》印发给你们，请认真贯彻执行。试点过程中遇重要问题，请及时报部。

特此通知。

工业和信息化部办公厅

2019年12月4日

开展第二类增值电信业务相关许可事项告知承诺审批试点工作实施方案

按照国务院关于在自由贸易试验区开展“证照分离”改革全覆盖试点部署，为进一步深入推进信息通信行业“放管服”改革，做好第二类增值电信业务相关许可事项（含电信业务经营许可、外商投资经营电信业务审批）告知承诺审批试点工作，制定本方案。

本方案所指告知承诺审批，是指对申请人提出的第二类增值电信业务相关许可事项申请，电信管理机构将许可具体条件、申请要求、监管规则和违反承诺的后果一次性告知申请人，申请人按要求提交申请材料并书面承诺符合告知条件和要求、知晓监管规定和法定义务、承担违反承诺的法律责任，电信管理机构根据申请人承诺直接作出行政审批决定的方式。

一、工作目标

通过试点探索建立“审批高效、监管完善、守信自律”的告知承诺审批新模式，总结第二类增值电信业务相关许可事项告知承诺审批经验，形成可复制、可推广的改革成果，为提升许可管理服务效能提供支撑，推动行业管理职能向“宽准入、严监管、强服务”纵深转变，助力信息通信业高质量发展。

二、试点范围与期限

（一）依法在上海、广东、天津、福建、辽宁、浙江、河南、湖北、重庆、四川、陕西、海南、山东、江苏、广西、河北、云南、黑龙江等18个自由贸易试验区内设立的公司（且公司注册住所须与主要办事机构一致），申请在境内经营第二类增值电信业务时，适用告知承诺审批。其中，公司注册住所变更为自由贸易试验区外等不再符合试点条件的，应退出试点，按法定程序办理许可。

（二）申请者有电信业务经营违法不良记录的，不适用告知承诺审批。

（三）申请者如不选择告知承诺方式，可以依法按照一般审批方式办理。通过告知承诺审批方式取得的第二类增值电信业务相关许可与一般审批方式许可效力相同。

（四）自 2019 年 12 月 1 日起启动试点工作，试点期限按国务院有关要求执行。

三、试点审批程序

电信管理机构按照“谁审批，谁发证，谁负责”的原则组织开展告知承诺审批试点管理工作。

（一）申请与告知。申请人申请经营第二类增值电信业务，选择“告知承诺”审批方式后，电信管理机构应当通过告知承诺书（格式见附件 1、2），一次性向申请人告知下列内容：

1．许可事项所依据的主要法律、法规和规章名称及相关条款；

2．准予行政许可应当具备的条件、要求和标准；

3．需要申请人提交材料的名称、方式和期限（包括申请时提交的材料及约定期限内提交的材料）；

4．申请人作出承诺的时限和法律效力，以及作出不实承诺或违反承诺的法律后果；

5．认为应当告知的其他内容。

（二）承诺与申报。申请人知晓告知承诺内容，愿意作出承诺的，应当填报申请人基本信息，并对下列内容作出确认和承诺：

1．所申报的基本信息真实、准确；

2．已经知晓许可事项告知的全部内容；

3．自身能够满足许可事项告知的条件、要求和标准；

4．能够在约定期限内提交许可事项告知的相关材料；

5．承诺达到法定条件前，不从事经营活动；

6．愿意承担不实承诺、违反承诺的法律责任；

7．所作承诺是申请人真实意思的表示。

申请人应当向电信管理机构提交申请材料、承诺书等相关材料。承诺书经申请人签章后生效，由电信管理机构和申请人各保存一份。

（三）审查与决定。电信管理机构收到申请材料、承诺书等相关材料后，审查材料的完整性。对企业自愿作出承诺并按要求提交材料的，应当场作出行政审批决定。

（四）发证与公开。电信管理机构做出准予许可决定后，应依据法定时限（10个工作日内）送达许可证书。同时，向社会公开企业许可信息和承诺内容，方便社会监督。

四、告知承诺后续监管

（一）举报处理。畅通对虚假申请材料、不实承诺或违反承诺、违规经营等事项的投诉举报渠道，依法及时处理，引导社会力量共治。

（二）证后检查。根据业务管理需要，对需现场检查类承诺事项，电信管理机构应在作出决定后三个月内对被审批人的申请承诺内容是否属实进行检查；对不需现场检查类承诺事项应纳入“双随机、一公开”检查，鼓励采取书面检查、网络核查等方式，减少对企业正常经营活动的干扰。电信管理机构可以委托第三方机构协助开展相关检查工作。

（三）分类执法。发现以欺骗、贿赂等不正当手段取得许可的，电信管理机构依法撤销原行政许可并予以相应处罚。发现违反承诺的，电信管理机构责令限期整改；对逾期拒不整改或整改后仍达不到要求的，依法撤销原行政许可并予以相应处罚。

（四）信用管理。电信管理机构将企业守诺履约情况，统一纳入行业信用管理。对未在约定期限内提交材料的，以及在审查、后续监管中发现作出不实承诺、违反承诺的，记入信息通信违法不良记录库，依法纳入电信业务经营不良名单和失信名单并向社会公开，明确其不再适用告知承诺审批方式。

五、试点工作安排

（一）做好试点准备。2019 年 11 月底前，完成告知承诺审批试点政策制定、组织部署等相关工作。

（二）组织开展试点。2019 年 12 月起，正式开展告知承诺审批试点，依法实施告知承诺审批和证后监督检查等工作。

（三）启动信息共享。试点期间，在工业和信息化部政务一体化服务平台与全国一体化在线政务服务平台、国家企业信用信息公示系统等对接后，启动相关信息归集共享工作。

（四）总结经验做法。试点结束前，组织开展试点总结等工作。

六、有关要求

（一）加强统筹指导。工业和信息化部将加强对试点工作的统筹协调、督促推进和业务指导，做好第二类增值电信业务相关许可事项告知承诺试点工作。

（二）加强实施管理。各试点省（区、市）通信管理局要高度重视试点工作，结合本地实际，制定细化、可操作性的操作规程，明确任务分工，落实工作责任，确保试点质量。

（三）做好宣传引导。各试点省（区、市）通信管理局要加强试点宣传工作，使试点地区信息通信企业充分了解试点工作内容，及时回应社会关切，正确引导社会舆论。

（四）稳妥评估推进。各试点省（区、市）通信管理局要对试点措施执行情况、实施效果、群众反映等进行全面评估并及时上报。工业和信息化部将认真研究试点工作中的新情况、新问题，定期交流、通报试点进展情况，对试点工作进行总结评估，进一步改进和完善告知承诺审批相关措施，研究提出全面推广试点经验的意见。

附件：

1．电信业务（第二类增值电信业务）经营许可事项告知承诺书（模板）

2．外商投资经营电信业务（第二类增值电信业务）审批告知承诺书（模板）

工业和信息化部关于印发《卫星无线电频率使用可行性论证办法（试行）》的通知

工业和信息化部无〔2019〕290号

各卫星操作单位：

《卫星无线电频率使用可行性论证办法（试行）》已经2019年第17次部长办公会议审议通过，现印发给你们，请认真贯彻执行。

工业和信息化部

2020年1月7日

卫星无线电频率使用可行性论证办法（试行）

第一条 为了加强和规范卫星无线电频率资源使用的可行性论证工作，科学有效利用卫星无线电频率资源，根据《中华人民共和国无线电管理条例》，制定本办法。

第二条 本办法适用于在卫星工程规划或建设中，根据国家无线电管理和民用航天工程管理相关规定以及国际电信联盟（以下简称国际电联）《无线电规则》，由卫星操作单位（卫星频率使用人）或相关主管部门对拟使用的无线电频率和轨道资源的可行性开展的分析、研判和论证等相关工作。

第三条 建设卫星工程，应当在项目规划阶段对拟使用的卫星无线电频率进行可行性论证；建设须经国务院、中央军委批准的卫星工程，应当在项目规划阶段与国家无线电管理机构（工业和信息化部）协商确定拟使用的卫星无线电频率。

第四条 工业和信息化部负责卫星无线电频率使用可行性论证工作的业务指导和监督检查，国家无线电频谱管理中心负责支撑工业和信息化部开展卫星无线电频率使用可行性论证的相关技术工作。

第五条 卫星操作单位（卫星频率使用人）是卫星无线电频率使用可行性论证的责任主体，负责开展可行性论证工作，并对论证结论承担主要责任。

第六条 建设须经国务院、中央军委批准的卫星工程，在卫星网络资料国际申报之前，由卫星操作单位（卫星频率使用人）会同卫星工程建设单位，与工业和信息化部协商确定拟使用的卫星无线电频率，并在卫星网络国际申报时提交有关可行性论证报告，作为卫星网络国际申报和协调的依据。

建设其他卫星工程，卫星操作单位（卫星频率使用人）应在卫星网络资料国际申报之前，开展卫星无线电频率使用可行性论证，并在卫星网络国际申报时提交有关可行性论证报告，作为卫星网络国际申报和协调的依据。

第七条 依托已申报的卫星网络开展卫星工程规划、建设的，工业和信息化部可根据频率协调进展或者卫星工程规划、建设需要，要求卫星操作单位（卫星频率使用人）提交卫星无线电频率使用可行性论证报告，作为后续工作开展的依据。

第八条 根据卫星操作单位（卫星频率使用人）提交的卫星无线电频率使用可行性论证报告，必要时工业和信息化部可组织相关专家对报告进行评审。评审情况由工业和信息化部通报国防科工局和卫星操作单位（卫星频率使用人）。

第九条 卫星无线电频率使用的可行性论证应符合国际电联《无线电规

则》等相关国际规则和国内无线电管理相关规定，遵循实事求是、科学严谨的原则；论证应综合考虑我国航天发展需要和卫星无线电频率和轨道资源可行性等因素，从规则、技术、操作等多方面进行分析和评估；论证中分析的风险因素应全面、客观，所提措施应合理、可行。

第十条 卫星无线电频率使用可行性论证报告应当包括但不限于以下内容（提纲模板见附件）：

（一）卫星工程背景；

（二）卫星无线电频率和轨道资源使用需求分析；

（三）拟使用卫星网络的特性及合法性合规性检查情况；

（四）拟使用卫星网络的协调状态和协调形势分析；

（五）与同频邻频相关空间业务和地面业务的兼容共用分析；

（六）卫星无线电频率和轨道资源使用的可行性分析；

（七）卫星无线电频率和轨道资源使用的风险应对措施；

（八）结论和建议；

（九）其他需要说明的情况。

第十一条 卫星无线电频率使用可行性论证对卫星工程规划、建设具有约束性。卫星无线电频率使用可行性论证情况应纳入相关卫星工程项目建议书、工程实施大纲、可行性研究报告、初步设计和招投标等项目阶段性文件，作为卫星工程规划、立项审核、招投标和项目验收的依据。

第十二条 卫星频率使用可行性论证报告中提出的问题和风险点，卫星操作单位（卫星频率使用人）应会同卫星工程建设单位积极采取措施予以应对；如需对卫星网络特性进行较大调整或有其他重大问题，卫星操作单位（卫星频率使用人）应及时报告工业和信息化部。

第十三条 未按规定开展卫星无线电频率使用可行性论证，或者论证结果有重大瑕疵的，工业和信息化部可要求论证单位重新进行论证；对于因风险漏判和误判造成损失的，由卫星操作单位（卫星频率使用人）自行承担相应责任。

第十四条 对在卫星无线电频率使用可行性论证中弄虚作假的单位，工业和信息化部将予以约谈、通报，直至暂停受理该单位的卫星网络资料申报，并纳入信用管理记录；情节严重的，将建议相关单位依法依规追究相关责任人的责任。

第十五条 卫星无线电频率使用可行性论证中涉及军事系统的，由工业和信息化部会同军队电磁频谱管理机构进行，或征求军队电磁频谱管理机构的意见。

军事系统卫星无线电频率使用可行性论证，由军队电磁频谱管理机构归口商工业和信息化部进行。

第十六条 本办法自 2020 年 2 月 1 日起施行。

工业和信息化部办公厅关于做好疫情防控期间信息通信行业网络安全保障工作的通知

工信厅网安函〔2020〕22 号

各省、自治区、直辖市通信管理局，中国电信集团有限公司、中国移动通信集团有限公司、中国联合网络通信集团有限公司、中国铁塔股份有限公司、中国广播电视网络有限公司，中国信息通信研究院、中国软件评测中心、国家工业信息安全发展研究中心、中国工业互联网研究院，国家计算机网络与信息安全管理中心、中国互联网络信息中心，相关域名注册管理和服务机构、互联网企业、移动通信转售企业、网络安全企业：

为深入贯彻落实习近平总书记关于新型冠状病毒肺炎疫情防控工作的重要指示精神，切实做好疫情防控和经济社会运行的网络安全支撑保障工作，确保疫情防控期间网络基础设施安全，防止发生重大网络安全事件，现就有关事项通知如下。

一、全力保障重点地区重点用户网络系统安全

（一）加强重点用户网络安全技术支撑。充分发挥信息通信行业网络、技术和队伍优势，组织力量为党政机关、医疗机构、公共应急、教育教学等疫情联防联控单位以及重点工业互联网企业等用户提供网络安全技术支撑，主动沟通对接，及时为重点用户相关网站和信息系统提供网络链路保障、防拒绝服务攻击和防域名劫持等应急处置支撑。

（二）加强重点地区网络基础设施安全防护。加强涉疫情重点保障地区网络基础设施、重要域名系统等安全防护，利用远程检测等技术手段，强化对重点区域的网络安全风险评估和隐患排查，为疫情防控指挥调度、医疗救助、远程办公和人民群众生产生活提供安全可靠的基础网络服务。

（三）加强涉疫情网络安全威胁监测处置。按照公共互联网网络安全威胁与处置工作机制，对伪装成疫情信息传播网络病毒或相关钓鱼网站、恶意邮件、恶意程序，以及医疗机构、疫情防控物资生产企业所属网络系统存在受控、漏洞等情况加大监测力度，利用网络安全威胁信息共享平台及时通报有关情况，发布风险提示，协助相关单位采取有效处置措施，从源头上降低网络安全风险，维护疫情防控期间的网络秩序和公共利益。

（四）加强疫情期间电话用户入网服务保障。鼓励基础电信企业、移动通信转售企业通过网络渠道为用户办理电话入网实名登记手续，引导广大用户利用电信企业门户网站、手机 App、掌上营业厅等线上方式办理电话入网手续及手机卡。基础电信企业、移动通信转售企业应加大对网络渠道销售手机卡业务及办理流程的宣传，做好相关业务系统和平台的保障，切实为广大用户提供便利。

二、加强信息安全和网络数据保护

（五）加强涉疫情电信网络诈骗防范。充分发挥电信网、互联网诈骗技术防范系统等技术平台作用，切实强化对涉疫情诈骗电话、短信的精准分析和依法快速处置；针对涉防疫医疗物资购买、航班行程退改签等诈骗新手法新套路，及时研判预警，对相关涉诈网站、域名、App、账户依法快速处置。进一步加强与公安机关工作配合和信息沟通，及时通报涉疫情电信网络诈骗信息线索。充分利用微信、微博、短彩信、App 等平台开展涉疫情电信网络诈骗的宣传引导和风险提示。

（六）加强网上涉疫情相关信息监测处置。严格落实维护网上信息安全主体责任，依托全国互联网信息安全管理系统等技术手段，配合相关部门及时做好网上涉疫情相关风险隐患信息动态监测、违法不实信息应急处置等支撑保障工作，及时发现、积极化解、稳妥处置因疫情引发的网上不安定不稳定因素。

（七）加强个人信息和数据安全保护。落实《中央网络安全和信息化委员会办公室关于做好个人信息保护利用大数据支撑联防联控工作的通知》等要求，在积极利用行业数据、平台等支撑联防联控工作中，切实处理好数据使用与数据保护的关系，进一步强化个人信息收集、使用等各环节的规范管理，将个人信息和数据安全保护各项要求落到实处。

三、进一步强化责任落实和工作协同

（八）加强网络安全责任落实。各地通信管理局要加强统一领导和统筹协调，做到守土有责、守土担责、守土尽责，指导督促地方信息通信行业做好疫情防控网络安全保障工作。各基础电信企业、域名机构、互联网企业、网络安全专业机构、网络安全企业要切实承担起网络安全主体责任，充分发挥网络安全技术支撑保障作用，为打赢疫情防控阻击战作出积极贡献。

（九）加强网络安全信息报送。湖北省通信管理局、基础电信企业集团公司在疫情防控期间每日向部（网络安全管理局）报送疫情防控重点用户网络安全保障情况、涉疫情网络安全监测预警信息、针对疫情防控开展的网络安全防护工作情况和其他重大事项。各单位发生或发现重大网络安全事件要第一时间报部（网络安全管理局）。

特此通知。

工业和信息化部办公厅

2020 年 2 月 14 日

工业和信息化部办公厅关于做好宽带网络建设维护助力企业复工复产有关工作的通知

工信厅通信函〔2020〕25 号

各省、自治区、直辖市通信管理局，中国电信集团有限公司、中国移动通信集团有限公司、中国联合网络通信集团有限公司、中国铁塔股份有限公司：

为认真贯彻落实习近平总书记关于新冠肺炎疫情防控工作重要指示精神和党中央、国务院决策部署，有序推进疫情防控和企业复工复产，现就做好宽带网络建设维护，助力企业复工复产有关工作通知如下。

一、切实提高政治站位。固定和移动宽带网络已成为广大人民群众生产生活的必需品，做好当前宽带网络建设维护，对于疫情防控和企业复工复产具有重要支撑作用。各单位要深入学习贯彻习近平总书记关于疫情防控工作的重要指示精神，增强“四个意识”、坚定“四个自信”、做到“两个维护”，切实扛起责任、主动作为，坚持疫情防控和经济发展两手抓两不误，抓实抓细宽带网络建设维护工作，不断提升服务用户和企业能力，助力企业加快复工复产。

二、建立协调推动机制。各通信管理局要与当地电信企业、铁塔公司建立助力企业复工复产的工作机制，坚持问题导向，明确工作职责，细化工作方案，因地制宜，协调联动，共同做好宽带网络建设维护工作。各通信管理局要加强与地方政府部门的沟通，做好与当地疫情防控和企业复工复产工作的衔接，推动解决宽带网络建设维护中的防护物资紧缺、现场无法进入、人员复工复岗难等问题。各企业集团公司和总部要落实建设维护工作主体责任，加强对各级公司的指导，充分利用信息化手段，提升企业快速响应能力，主动发现和及时响应客服、媒体、互联网等各个途径反映的问题，全力做好建设维护工作。工业和信息化部与各地通信管理局、各企业集团公司和总部建立部省、部企信息化工作机制，统筹协调指导各地开展工作。

三、积极对接宽带网络需求。各企业要强化责任意识和服务意识，高度重视宽带网络需求。疫情防控期间，要进一步强化线上服务、电话服务等非接触式服务能力和远程指导能力，提升服务成效。要结合各地实际，有序组织人员复工，统筹调度人员，提高工作效率。对包含企业宽带和专线用户在内的宽带网络业务咨询、受理、变更、投诉等需求，要尽量提供非接触式服务方式。对故障处理等需求，在与用户协商一致情况下，优先远程指导用户修复故障，降低感染风险。对确需上门处理的固定宽带网络安装调测、移动宽带网络建设优化及故障处理等需求，分区域分情况对待。具备上门条件的，要加强对工作人员管理，落实防疫措施和责任，及时响应用户需求。因疫情防控而不具备上门条件的，要及时耐心与用户沟通，研究其他解决方案，获得用户理解；确实无法解决的，待具备上门条件后第一时间予以解决。

四、主动提升网络服务能力。各企业要加强对宽带网络运行状态的监测和巡检，提前发现并排除故障隐患。要及时处理已受理的宽带网络业务需求，做好宽带网络优化和升级，畅通业务咨询、服务和投诉渠道，按要求为用户提供服务。同时，要对因疫情隔离导致人员不能外出的网络覆盖区域采取针对性保障措施，为群众生活和企业复工复产提供安全稳定的网络环境。

五、保障人员安全。各企业要加强对建设维护一线人员及相关合作单位的管理，落实好检测筛查、通勤保障、个体防护等疫情防控措施。要优先保障上门建设维护所需口罩等防护物资需要，合理安排作息时间，确保人员身心健康。

工业和信息化部办公厅

2020 年 2 月 19 日

工业和信息化部办公厅关于进一步做好新冠肺炎疫情防控期间宽带网络助教助学工作的通知

工信厅通信函〔2020〕34 号

各省、自治区、直辖市通信管理局，中国电信集团有限公司、中国移动通信集团有限公司、中国联合网络通信集团有限公司、中国铁塔股份有限公司：

近期，根据新冠肺炎疫情导致学校延迟开学的情况，地方通信管理局与教育主管部门加强工作协同，基础电信企业积极响应，因地制宜推出了系列支持举措，助力网上教育教学工作平稳有序开展。针对当前部分学生用户反映个别农村偏远地区信号弱、贫困家庭用网支出压力大等问题，为持续强化宽带网络助教助学能力，有效帮扶建档立卡贫困家庭学生，现就进一步做好疫情防控期间宽带网络助教助学工作通知如下。

一、提高政治站位。各地通信管理局、各基础电信企业要深入学习贯彻习近平总书记关于疫情防控工作的重要讲话和指示批示精神，按照各地“停课不停学”有关工作安排，突出重点、瞄准痛点、疏通堵点，切实抓好宽带网络助教助学工作。特别是要进一步突出重点人群、重点环节，切实把好事办好，为疫情防控学校延迟开学期间网上教育教学提供有力支撑。

二、加强网络覆盖。各地通信管理局要组织基础电信企业持续加大宽带网络和 4G/5G 基站建设力度，不断提升学校网络带宽条件，为各级各类学校开展在线教学提供网络支撑。要结合电信普遍服务试点项目，加快农村偏远地区网络覆盖，着力解决网速慢、信号弱等问题。要积极配合教育主管部门，按照当地教育教学工作安排，及时做好疫情重点地区、临时教育教学场所等区域的网络保障。

三、提升平台能力。各地通信管理局要主动对接教育主管部门，督促所选用的在线教育服务提供商不断优化提升平台能力，通过加强平台建设改造、按需及时扩容带宽、增加内容分发节点等方式，切实提升广大师生访问体验。工业和信息化部将会同有关部门对各级各类在线教育平台开展文件下载速率、视频卡顿率等关键性能监测，并适时向社会公布。

四、提供资费优惠。鼓励基础电信企业重点面向建档立卡贫困家庭学生推出特惠流量包等精准帮扶举措，减轻困难学生用网资费压力。各地通信管理局要加强组织协调，与当地扶贫办（局）和教育主管部门做好受帮扶对象数据对接，确保相关帮扶举措精准落实到位。

五、做好网络维护。基础电信企业要加强对宽带网络运行状态的监测，及时发现并排除故障隐患；要建立快速处理机制，成立客服专班，畅通业务咨询、服务和投诉渠道，及时解决师生反映的网络使用相关问题，支撑疫情防控学校延迟开学期间网上教育教学工作顺利实施。

特此通知。

工业和信息化部办公厅

2020 年 3 月 2 日

工业和信息化部办公厅关于推动工业互联网加快发展的通知

工信厅信管〔2020〕8号

各省、自治区、直辖市及计划单列市、新疆生产建设兵团工业和信息化主管部门，各省、自治区、直辖市通信管理局，中国电信集团有限公司、中国移动通信集团有限公司、中国联合网络通信集团有限公司、中国广播电视网络有限公司，各有关单位：

为深入贯彻习近平总书记在统筹推进新冠肺炎疫情防控和经济社会发展工作部署会议上的重要讲话精神，落实中央关于推动工业互联网加快发展的决策部署，统筹发展与安全，推动工业互联网在更广范围、更深程度、更高水平上融合创新，培植壮大经济发展新动能，支撑实现高质量发展，现就有关事项通知如下：

一、加快新型基础设施建设

（一）改造升级工业互联网内外网络。推动基础电信企业建设覆盖全国所有地市的高质量外网，打造20个企业工业互联网外网优秀服务案例。鼓励工业企业升级改造工业互联网内网，打造10个标杆网络，推动100个重点行业龙头企业、1000个地方骨干企业开展工业互联网内网改造升级。鼓励各地组织1～3家工业企业与基础电信企业深度对接合作，利用5G改造工业互联网内网。打造高质量园区网络，引领5G技术在垂直行业的融合创新。

（二）增强完善工业互联网标识体系。出台工业互联网标识解析管理办法。增强5大顶级节点功能，启动南京、贵阳两大灾备节点工程建设。面向垂直行业新建 20 个以上标识解析二级节点，新增标识注册量 20 亿，拓展网络化标识覆盖范围，进一步增强网络基础资源支撑能力。

（三）提升工业互联网平台核心能力。引导平台增强 5G、人工智能、区块链、增强现实/虚拟现实等新技术支撑能力，强化设计、生产、运维、管理等全流程数字化功能集成。遴选 10 个跨行业跨领域平台，发展 50 家重点行业/区域平台。推动重点平台平均支持工业协议数量 200 个、工业设备连接数 80 万台、工业 App 数量达到 2500 个。

（四）建设工业互联网大数据中心。加快国家工业互联网大数据中心建设，鼓励各地建设工业互联网大数据分中心。建立工业互联网数据资源合作共享机制，初步实现对重点区域、重点行业的数据采集、汇聚和应用，提升工业互联网基础设施和数据资源管理能力。

二、加快拓展融合创新应用

（五）积极利用工业互联网促进复工复产。充分发挥工业互联网全要素、全产业链、全价值链的连接优势，鼓励各地工业和信息化主管部门、各企业利用工业互联网实现信息、技术、产能、订单共享，实现跨地域、跨行业资源的精准配置与高效对接。鼓励大型企业、大型平台、解决方案提供商为中小企业免费提供工业 App 服务。

（六）深化工业互联网行业应用。鼓励各地结合优势产业，加强工业互联网在装备、机械、汽车、能源、电子、冶金、石化、矿业等国民经济重点行业的融合创新，突出差异化发展，形成各有侧重、各具特色的发展模式。引导各地总结实践经验，制定垂直细分领域的行业应用指南。

（七）促进企业上云上平台。推动企业加快工业设备联网上云、业务系统云化迁移。加快各类场景云化软件的开发和应用，加大中小企业数字化工具普及力度，降低企业数字化门槛，加快数字化转型进程。

（八）加快工业互联网试点示范推广普及。遴选 100 个左右工业互联网试点示范项目。鼓励每个示范项目向 2 个以上相关企业复制，形成多点辐射、放大倍增的带动效应。建设一批工业互联网体验和推广中心。评估试点示范成效，编制优秀试点示范推广案例集。

三、加快健全安全保障体系

（九）建立企业分级安全管理制度。出台工业互联网企业网络安全分类分级指南，制定安全防护制度标准，开展工业互联网企业分类分级试点，形成重点企业清单，实施差异化管理。

（十）完善安全技术监测体系。扩大国家平台监测范围，继续建设完善省级安全平台，升级基础电信企业监测系统，汇聚重点平台、重点企业数据，覆盖 150 个重点平台、10 万家以上工业互联网企业，强化综合分析，提高支撑政府决策、保障企业安全的能力。

（十一）健全安全工作机制。完善企业安全信息通报处置和检查检测机制，对 20 家以上典型平台、工业企业开展现场检查和远程检测，督促指导企业提升安全水平，对 100 个以上工业 App 开展检测分析，增强 App 安全性。

（十二）加强安全技术产品创新。鼓励企业创新安全产品和方案设计，遴选 10 个以上典型产品或最佳实践。加大网络安全产品研发和技术攻关支持力度，加强产业协同创新。指导网络安全公共服务平台为中小企业提供优质高效的安全服务。

四、加快壮大创新发展动能

（十三）**加快工业互联网创新发展工程建设**。加快在建项目建设进度，加大新建项目开工力度。推动具备条件的项目提前验收，并在后续试点示范项目遴选中优先考虑。储备一批投资规模大、带动能力强的重点项目。各地工业和信息化主管部门要会同通信管理局加强监督管理，压实承担单位主体责任，确保工程建设高质量完成。

（十四）**深入实施“5G+工业互联网”512 工程**。引导各类主体建设 5 个公共服务平台，构建创新载体，为企业提供工业互联网内网改造设计、咨询、检测、验证等服务。遴选 5 个融合发展重点行业，挖掘 10 个典型应用场景，总结形成可持续、可复制、可推广的创新模式和发展路径。

（十五）**增强关键技术产品供给能力**。鼓励相关单位在时间敏感网络、边缘计算、工业智能等领域加快技术攻关，打造智能传感、智能网关、协议转换、工业机理模型库、工业软件等关键软硬件产品，加快部署应用。打造一批工业互联网技术公共服务平台，加强关键技术产品孵化和产业化支撑。

五、加快完善产业生态布局

（十六）**促进工业互联网区域协同发展**。鼓励各地结合区域特色和产业优势，打造一批产业优势互补、协同效应显著、辐射带动能力强劲的示范区。持续推进长三角工业互联网一体化发展示范区建设。

（十七）**增强工业互联网产业集群能力**。引导工业互联网产业示范基地进一步聚焦主业，培育引进工业互联网龙头企业，加快提升新型基础设施支撑能力和融合创新引领能力，做大做强主导产业链，完善配套支撑产业链，壮大产业供给能力。鼓励各地整合优势资源，集聚创新要素，培育具有区域优势的工业互联网产业集群。

（十八）**高水平组织产业活动**。统筹协调各地差异化开展工业互联网相关活动。壮大工业互联网产业联盟，举办产业峰会，发布工业互联网产业经济发展报告。高质量开展工业互联网大数据、工业 App、解决方案、安全等相关赛事活动，组织全国工业互联网线上精品课程培训。

六、加大政策支持力度

（十九）**提升要素保障水平**。鼓励各地将工业互联网企业纳入本地出台的战疫情、支持复工复产的政策支持范围，将基于 5G、标识解析等新技术的应用纳入企业上云政策支持范围，将 5G 电价优惠政策拓展至“5G+工业互联网”领域。鼓励各地引导社会资本设立工业互联网产业基金。打造工业互联网人才实训基地。

（二十）**开展产业监测评估**。建设工业互联网运行监测平台，构建运行监测体系。建立工业互联网评估体系，定期评估发展成效，发布工业互联网发展指数。工业互联网创新发展工程项目承担单位、试点示范项目单位以及工业互联网产业示范基地等要积极参与监测体系、评估体系建设。

工业和信息化部办公厅

2020 年 3 月 6 日

工业和信息化部关于开展2020年
IPv6端到端贯通能力提升专项行动的通知

工业和信息化部通信函〔2020〕57号

各相关企业：

为贯彻落实《推进互联网协议第六版（IPv6）规模部署行动计划》（厅字〔2017〕47号）任务要求，加快提升IPv6端到端贯通能力，持续提升IPv6活跃用户和网络流量规模，我部决定于2020年开展IPv6端到端贯通能力提升专项行动。有关事项通知如下。

一、重点工作任务

（一）优化提升IPv6网络接入能力。基础电信企业持续优化骨干网、城域网、接入网的IPv6网络质量，新增互联网骨干直联点同步完成IPv6升级改造；进一步丰富IPv6专线产品，在全国范围内为有需求的政企客户提供IPv4/IPv6双栈专线、IPv6单栈专线、IPv6代播等多种业务。支持基础电信企业对IPv6单栈专线开通给予九五折或更大力度资费优惠。

（二）加快提升内容分发网络（CDN）IPv6应用加速能力。阿里云、腾讯云、网宿科技、蓝汛、金山云、百度云、华为云、京东云、帝联科技、UCloud、白山云、七牛云、鹏博士、中国移动加快内容分发网络IPv6深度改造，提升IPv6服务资源占比、扩大IPv6服务覆盖范围、优化IPv6应用加速性能。到2020年年末，内容分发网络支持IPv6的节点数达到IPv4节点数的85%以上；按地市级行政区划，IPv6 服务覆盖能力达到 IPv4 服务覆盖能力的 85%以上；IPv6 应用加速性能达到 IPv4 应用加速性能的 85%以上。

（三）大幅提升云服务平台 IPv6 业务承载能力。阿里云、天翼云、腾讯云、沃云、华为云、移动云、百度云、金山云、京东云、UCloud、青云扩大支持 IPv6 的云产品数量，提升 IPv6 云产品的服务能力。到 2020 年年末，完成包含云主机、容器引擎、负载均衡、域名解析、对象存储、MySQL 云数据库、MongoDB 云数据库、API 网关、Web 应用防火墙、DDOS 高防、文件存储（NAS）、对等连接服务（VPC）、HTTPDNS、数据库审计、微服务引擎、MapReduce 服务、设备接入服务（IoT Hub）、区块链服务、视频直播、人脸识别等在内的全部公有云产品的 IPv6 改造；国内支持 IPv6 服务的可用域（Region）数量达到全部 IPv4 可用域的 50%以上。

（四）全面扩大数据中心（IDC）IPv6 覆盖范围。中国电信、中国移动、中国联通进一步加强对中小型数据中心和机房的 IPv6 改造。阿里云、腾讯云、百度云、京东云、华为云、世纪互联、鹏博士、秦淮科技、新网互联、方正信息、西部数码、万国数据、光环新网加快数据中心 IPv6 改造力度，到 2020 年第三季度末，完成年报中全部数据中心的 IPv6 改造，形成全国范围数据中心 IPv6 覆盖能力。

（五）着力提升终端设备 IPv6 支持能力。普联（TP-Link）、友讯（D-Link）、华为、中兴、烽火、上海贝尔、新华三、腾达、华硕、网件、小米新生产的家庭网关、企业网关、无线路由器、智能家居终端应默认配置支持 IPv4/IPv6 双栈。天猫、京东、淘宝等电商平台应优先向用户推荐支持 IPv6 的终端设备。基础电信企业加速存量家庭网关的更新替换，到 2020 年年末，完成对所有可远程升级家庭网关 IPv6 升级。

（六）稳步提升行业网站及互联网应用 IPv6 浓度。各省（自治区、直辖市）通信管理局、部属各单位、部属各高校、基础电信企业继续深化门户网站 IPv6 改造，到 2020 年年末，门户网站二级、三级链接的 IPv6 浓度达到 85%以上。

基础电信企业集团及下属省级公司稳步提升自营移动互联网应用（App）的 IPv6 浓度，到 2020 年年末，排名前 10 位的自营移动互联网应用（App）的 IPv6 浓度达到 60%以上；服务端统计的 IPv6 活跃用户占比达到 50%以上。

应用宝、360 手机助手、豌豆荚、OPPO 软件商店、百度手机助手、华为应用市场、小米应用商店、vivo 应用商店、MM 商场、沃商店对新上架的 App 开展 IPv6 浓度检测，并设立 IPv6 应用专区，引导用户安装支持 IPv6 的应用。相关企业加强对开发工具包（SDK）及服务器端程序的 IPv6 升级改造工作。

（七）着力强化 IPv6 网络安全保障能力。各相关企业要进一步完善针对 IPv6 的网络安全定级备案、风险评估、通报预警、灾难备份及恢复等工作。推动 IPv6 环境下网络安全产品和服务的应用，鼓励构建 IPv6 安全产品孵化平台和测试环境，推动在研 IPv6 安全产品孵化，强化 IPv6 安全产品应用性能验证。基础电信企业和重点 IDC、CDN 等企业要做好僵木蠕、移动互联网恶意程序监测处置系统、信息安全管理系统等安全技术手段 IPv6 配套改造工作，强化 IPv6 环境下漏洞、违法信息等的监测发现与处置。

二、2020 年年末主要目标

（一）IPv6 网络性能与 IPv4 趋同，平均丢包率、时延、连接建立成功率等指标与 IPv4 相比劣化不超过 10%。

（二）IPv6 活跃连接数达到 11.5 亿。其中，中国电信集团有限公司达到 2.9 亿，中国移动通信集团有限公司达到 6.4 亿，中国联合网络通信集团有限公司达到 2.2 亿。

（三）移动网络 IPv6 流量占比达到 10%以上。

三、保障措施

（一）压实工作责任。各企业要对照年度任务目标，进一步细化分解，做到“落实举措、责任主体、完成时限”三明确。各基础电信企业集团公司要加强对各省级子（分）公司的工作部署和指导，及时掌握工作进展，开展检查督导，并在年度考核中将 IPv6 相关任务完成情况作为重要指标。

（二）强化协同攻坚。工业和信息化部（信息通信发展司）组织成立 IPv6 规模部署专项协同推进工作组，制定可量化、可考核的技术规范和标准，以 IPv6 端到端贯通为核心目标，建立任务台账、安排专人对接、逐项协调解决，保障 IPv6 升级改造工作顺利推进。

（三）完善技术监测。中国信息通信研究院要会同相关企业和产业联盟持续完善 IPv6 发展监测平台，开展 IPv6 端到端网络性能监测，内容分发网络（CDN）、云平台、行业移动互联网应用（App）、行业网站等的 IPv6 支持程度监测等工作，定期发布 IPv6 发展监测报告。各相关企业要配合做好监测节点部署工作。

（四）开展抽查抽测。各地通信管理局要瞄准重点任务、紧扣时间节点，通过明查暗访或者利用 IPv6 发展监测平台在线抽测等形式，加强对属地相关企业推进 IPv6 相关工作进度与质量的日常监督。对于逾期未能完成工作任务的单位，视情通过约谈、通报等方式，督促尽快整改。

附件：IPv6 改造相关指标和测试方法说明

工业和信息化部

2020 年 3 月 19 日

工业和信息化部关于推动5G加快发展的通知

工业和信息化部通信〔2020〕49号

各省、自治区、直辖市及计划单列市、新疆生产建设兵团工业和信息化主管部门、无线电管理机构，各省、自治区、直辖市通信管理局，中国电信集团有限公司、中国移动通信集团有限公司、中国联合网络通信集团有限公司、中国铁塔股份有限公司、中国广播电视网络有限公司：

为深入贯彻落实习近平总书记关于推动5G网络加快发展的重要讲话精神，全力推进5G网络建设、应用推广、技术发展和安全保障，充分发挥5G新型基础设施的规模效应和带动作用，支撑经济高质量发展。现就有关事项通知如下。

一、加快5G网络建设部署

（一）加快5G网络建设进度。基础电信企业要进一步优化设备采购、查勘设计、工程建设等工作流程，抢抓工期，最大程度消除新冠肺炎疫情影响。支持基础电信企业以5G独立组网（SA）为目标，控制非独立组网（NSA）建设规模，加快推进主要城市的网络建设，并向有条件的重点县镇逐步延伸覆盖。

（二）加大基站站址资源支持。鼓励地方政府将5G网络建设所需站址等配套设施纳入各级国土空间规划，并在控制性详细规划中严格落实；在新建、改扩建公共交通、公共场所、园区、建筑物等工程时，统筹考虑5G站址部署需求；加快开放共享电力、交通、公安、市政、教育、医疗等公共设施和社会站址资源。对于支持力度大的地区，基础电信企业要加大投资，优先开展5G建设。

（三）加强电力和频率保障。支持基础电信企业加强与电力企业对接，对具备条件的基站和机房等配套设施加快由转供电改直供电；积极开展网络绿色化改造，加快先进节能技术应用推广。调整700MHz频段频率使用规划，加快实施700MHz频段5G频率使用许可；适时发布部分5G毫米波频段频率使用规划，开展5G行业（含工业互联网）专用频率规划研究，适时实施技术试验频率许可。进一步做好中频段5G基站与卫星地球站等其他无线电台（站）的干扰协调工作。

（四）推进网络共享和异网漫游。进一步深化铁塔、室内分布系统、杆路、管道及配套设施共建共享。引导基础电信企业加强协调配合，充分发挥市场机制，整合优势资源，开展5G网络共享和异网漫游，加快形成热点地区多网并存、边远地区一网托底的网络格局，打造资源集约、运行高效的5G网络。

二、丰富5G技术应用场景

（五）培育新型消费模式。鼓励基础电信企业通过套餐升级优惠、信用购机等举措，促进5G终端消费，加快用户向5G迁移。推广5G+VR/AR、赛事直播、游戏娱乐、虚拟购物等应用，促进新型信息消费。鼓励基础电信企业、广电传媒企业和内容提供商等加强协作，丰富教育、传媒、娱乐等领域的4K/8K、VR/AR等新型多媒体内容源。

（六）推动“5G+医疗健康”创新发展。开展5G智慧医疗系统建设，搭建5G智慧医疗示范网和医疗平台，加快5G在疫情预警、院前急救、远程诊疗、智能影像辅助诊断等方面的应用推广。进一步优化和推广5G在抗击新冠肺炎疫情中的优秀应用，推广远程体检、问诊、医疗辅助等服务，促进医疗资源共享。

（七）实施“5G+工业互联网”512 工程。打造 5 个产业公共服务平台，构建创新载体和公共服务能力；加快垂直领域“5G+工业互联网”的先导应用，内网建设改造覆盖 10 个重点行业；打造一批“5G+工业互联网”内网建设改造标杆网络、样板工程，形成至少 20 大典型工业应用场景。突破一批面向工业互联网特定需求的 5G 关键技术，显著提升“5G+工业互联网”产业基础支撑能力，促进“5G+工业互联网”融合创新发展。

（八）促进“5G+车联网”协同发展。推动将车联网纳入国家新型信息基础设施建设工程，促进 LTE-V2X 规模部署。建设国家级车联网先导区，丰富应用场景，探索完善商业模式。结合 5G 商用部署，引导重点地区提前规划，加强跨部门协同，推动 5G、LTE-V2X 纳入智慧城市、智能交通建设的重要通信标准和协议。开展 5G-V2X 标准研制及研发验证。

（九）构建 5G 应用生态系统。通过 5G 应用产业方阵等平台，汇聚应用需求、研发、集成、资本等各方，畅通 5G 应用推广关键环节。组织第三届“绽放杯”5G 应用征集大赛，突出应用落地实施，培育 5G 应用创新企业。推动 5G 物联网发展。以创新中心、联合研发基地、孵化平台、示范园区等为载体，推动 5G 在各行业各领域的融合应用创新。

三、持续加大 5G 技术研发力度

（十）加强 5G 技术和标准研发。组织开展 5G 行业虚拟专网研究和试点，打通标准、技术、应用、部署等关键环节。加速 5G 应用模组研发，支撑工业生产、可穿戴设备等泛终端规模应用。持续支持 5G 核心芯片、关键元器件、基础软件、仪器仪表等重点领域的研发、工程化攻关及产业化，奠定产业发展基础。

（十一）**组织开展 5G 测试验证**。基础电信企业进一步优化 5GSA 设备采购测试流程，根据建设计划明确测试时间表，促进相关设备加快成熟。持续开展 5G 增强技术研发试验，组织芯片和系统开展更广泛的互操作测试，加速技术和产业成熟。结合国家频率规划进度安排，组织开展毫米波设备和性能测试，为 5G 毫米波技术商用做好储备。

（十二）**提升 5G 技术创新支撑能力**。支持领先企业利用 5G 融合新技术，打造并提供行业云服务、能力开放平台、应用开发环境等共性平台，鼓励建设相关开源社区、开源技术基地，促进开放式应用创新。加快 5G 检测认证平台建设，面向 5G 系统、终端、服务、安全等各环节提升测试、检验、认证等服务能力，降低企业研发及应用成本。

四、着力构建 5G 安全保障体系

（十三）**加强 5G 网络基础设施安全保障**。加快构建 5G 关键信息基础设施安全保障体系，加强 5G 核心系统、网络切片、移动边缘计算平台等新对象的网络安全防护，建立风险动态评估、关键设备检测认证等制度和机制。研究典型应用场景下的安全防护指南和标准。试点开展 5G 安全监测手段建设，完善网络安全态势感知、威胁治理、事件处置、追踪溯源的安全防护体系。

（十四）**强化 5G 网络数据安全保护**。围绕 5G 各类典型技术和车联网、工业互联网等典型应用场景，健全完善数据安全管理制度与标准规范。建立 5G 典型场景数据安全风险动态评估评测机制，强化评估结果运用。合理划分网络运营商、行业服务提供商等各方数据安全和用户个人信息保护责任，明确 5G

环境下数据安全基线要求，加强监督执法。推动数据安全合规性评估认证，构建完善技术保障体系，切实提升 5G 数据安全保护水平。

（十五）培育 5G 网络安全产业生态。加强 5G 网络安全核心技术攻关和成果转化，强化安全服务供给。大力推进国家网络安全产业园区建设和试点示范，加快培育 5G 安全产业链关键环节领军企业，促进产业上下游中小企业发展，形成关键技术、产品和服务的一体化保障能力。积极创新 5G 安全治理模式，推动建设多主体参与、多部门联动、多行业协同的安全治理机制。

五、加强组织实施

（十六）加强组织领导。各单位要建立健全组织领导制度，做好各项要素保障，把加快 5G 发展作为当前一项重点工作来抓。加强与地方住建、交通、电力、医疗、教育等主管部门的协调配合，合力推进 5G 建设发展各项工作。

（十七）加强责任落实。各地工业和信息化主管部门、无线电管理机构、通信管理局要进一步加大工作力度，及时细化各项支持政策和举措，确保各项政策落到实处。各基础电信企业要发挥主体作用，做好 5G 研发、试验、建设、应用、安全等各项工作，全力推进 5G 建设发展。

（十八）加强总结交流。各单位要定期梳理经验做法，及时发现问题不足，不断调整优化工作举措，相关情况及时报送工业和信息化部。工业和信息化部将组织开展各地 5G 建设发展情况评估，适时发布相关推进情况。

工业和信息化部

2020 年 3 月 24 日

工业和信息化部关于调整700MHz频段频率使用规划的通知

工业和信息化部无〔2020〕50号

各省、自治区、直辖市无线电管理机构，国家广播电视总局，各相关单位：

为推进5G加快发展，促进无线电频谱资源有效利用，根据《中华人民共和国无线电管理条例》，结合700MHz频段广播电视业务频率使用有关情况，经研究，现对700MHz频段频率使用规划作出调整，有关事项通知如下。

一、将702～798MHz频段频率使用规划调整用于移动通信系统，并将703～743/758～798MHz频段规划用于频分双工（FDD）工作方式的移动通信系统。自即日起，国家无线电管理机构不再受理和审批702～798MHz频段内新申请的广播业务无线电发射设备的型号核准许可，各省、自治区、直辖市无线电管理机构不再受理和审批702～798MHz频段新申请的广播电视发射台（站）设置、使用许可。

二、工作在该频段的移动通信系统不得对同频段或邻频段已经依法开展的广播业务及其他无线电业务产生有害干扰，否则应立即停止发射信号，待干扰消除后方可进行实效发射；不得对来自同频段或邻频段已经合法设置使用的无线电台（站）提出干扰保护要求。

三、702～798MHz频段相关移动通信系统无线电频率使用许可由国家无线电管理机构实施。申请该频段移动通信系统无线电频率使用许可，应符合《无线电频率使用许可管理办法》第五条规定的条件，并与同频段、邻频段内相关无线电频率使用人或者无线电台（站）设置、使用人就频率迁移、台址搬迁、设备改造、技术方案及有关费用等事宜完成协调。无线电频率使用率按照《无线电频率使用率要求及核查管理暂行规定》（工业和信息化部无〔2017〕322号）执行。

四、为避免与移动通信系统产生有害干扰，对现有合法无线电台（站）进行必要的频率迁移、台址搬迁、设备改造等工作，产生的费用原则上由700MHz频段移动通信系统频率使用人承担。

五、702～798MHz 频段相关移动通信系统基站设置、使用许可由各省、自治区、直辖市无线电管理机构实施。台站设置、使用人在申请设置、使用移动通信系统基站时，应在相关无线电管理机构指导下，完成与同频段、邻频段内相关合法无线电台（站）的干扰协调工作。未完成干扰协调的，不得进行实效发射，也不得提出免受有害干扰的保护要求。

六、702～798MHz 频段移动通信系统设备射频技术指标要求及测试方法另行发布。

七、涉及与军事系统无线电台（站）的干扰协调、干扰保护等事项，按照军地有关协调规定执行。

工业和信息化部

2020 年 3 月 25 日

工业和信息化部办公厅 国家广播电视总局办公厅关于推进互联网电视业务 IPv6 改造的通知

工信厅联通信函〔2020〕74 号

中央广播电视总台办公厅、上海广播电视台、湖南广播电视台、广东广播电视台、浙江电视台、杭州市广播电视台，各基础电信企业，有关单位：

推进互联网电视业务 IPv6 改造是落实中共中央办公厅、国务院办公厅《推进互联网协议第六版（IPv6）规模部署行动计划》的重要举措，是促进我国固定宽带网络 IPv6 流量提升的关键手段。为进一步推进互联网电视集成服务平台、传输网络和接收设备的 IPv6 改造，现就有关事项通知如下。

一、重点任务及目标

（一）全面完成网络基础设施 IPv6 升级改造

中国电信、中国移动、中国联通要对互联网电视业务经过的骨干网、城域网、接入网以及互联网骨干直联点相关设备进行 IPv6 改造。2020 年三季度末，上述网络基础设施 IPv6 改造全面完成，IPv6 网络性能与 IPv4 趋同，平均丢包率、时延等主要指标与 IPv4 相比劣化不超过 10%。

（二）加快提升应用基础设施 IPv6 承载能力

持有互联网电视集成牌照的中央广播电视总台、上海广播电视台、湖南广播电视台、广东广播电视台、浙江电视台、杭州市广播电视台要对互联网电视集成平台进行 IPv4/IPv6 双栈改造，支持基于 IPv6 的调度和点播业务。2020 年三季度末，要完成互联网电视集成平台所有软硬件平台改造，并覆盖互联网电视用户总数的 80%，基于 IPv6 的点播流量占全部点播流量的 10%。

中国移动、阿里云、腾讯云、百度云、京东云、华为云、网宿科技要对互联网电视业务相关的内容分发网络（CDN）进行 IPv6 改造。2020 年年末，基于 IPv6 的互联网电视业务服务能力达到 IPv4 的 85%以上；基于 IPv6 的互联网电视业务加速性能达到 IPv4 的 85%以上。

（三）着力提升接收设备 IPv6 支持能力

小米、华为、创维、海信、TCL、长虹、康佳、九州等厂商加快实现新生产的互联网电视接收设备（含终端 ROM、播放器、应用服务框架、终端管理模块等）支持 IPv6，出厂默认配置支持 IPv4/IPv6 双栈；加快对具备条件的存量互联网电视接收设备通过固件及系统升级等方式支持 IPv6。天猫、京东、淘宝、拼多多等电子商务平台企业要优先向用户推荐支持 IPv6 的机顶盒、智能电视机等终端设备。

各相关单位新部署的互联网电视接收设备（包括但不限于机顶盒、智能电视机等产品形态）应支持 IPv6，加快对具备条件的存量互联网电视接收设备通过系统软件升级等方式支持 IPv6。2020 年三季度末，各相关单位为全部具备条件的存量互联网电视接收设备完成升级。

二、保障措施

（一）严格落实责任。各相关单位要进一步细化任务分解，层层压实责任，安排专门资金，保障任务落实。要建立互联网电视业务 IPv6 改造任务清单，明确时间安排，每季度结束后的 10 个工作日内向工业和信息化部（信息通信发展司）、国家广播电视总局（科技司）报送季度工作进展情况。

（二）加强对接协调。工业和信息化部、国家广播电视总局将聚焦 IPv6 改造过程中存在的困难和问题，进一步完善对接协调机制，及时推进解决。各相关单位要加强配合，及时报告 IPv6 改造过程中的困难和问题，确保完成年度任务。

（三）完善标准规范。国家广播电视总局推动完善互联网电视集成平台标准体系。工业和信息化部尽快推动完善互联网电视接收设备相关国家标准和行业标准，在互联网电视接收设备有关报送系统中增加 IPv6 支持情况统计。

（四）强化跟踪监测。中国信息通信研究院要加强对互联网电视集成平台、传输网络和接收设备相关 IPv6 监测评估能力建设，强化改造进展情况跟踪监测。各相关单位要积极配合，根据评估需要在关键环节上部署监测能力。工业和信息化部、国家广播电视总局将定期向各省、自治区、直辖市主管部门、各单位反馈通报。

特此通知。

工业和信息化部办公厅

国家广播电视总局办公厅

2020 年 4 月 9 日

附录二

2019—2020 年 4 月中国信息通信业大事记

2019-01-18　5G 与新一代信息通信技术应用座谈会在北京召开，工业和信息化部副部长陈肇雄出席座谈会并发言，工业和信息化部总经济师王新哲主持会议。

2019-01-21　工业和信息化部 国家机关事务管理局 国家能源局印发《关于加强绿色数据中心建设的指导意见》（工业和信息化部联节〔2019〕24 号）。

2019-01-23　IMT-2020（5G）推进组在北京召开 5G 技术研发试验第三阶段总结暨第二届“绽放杯”5G 应用征集大赛启动会。

2019-02-24　工业和信息化部总工程师张峰率团赴西班牙巴塞罗那出席世界移动通信大会，并在全球移动通信倡议（GTI）峰会上发表主旨演讲。

2019-01-25　工业和信息化部 国家标准化管理委员印发《工业互联网综合标准化体系建设指南》（工业和信息化部联科〔2019〕32 号）。

2019-02-28　工业和信息化部 国家广播电视总局 中央广播电视总台印发《超高清视频产业发展行动计划（2019—2022 年）》（工业和信息化部联电子〔2019〕56 号）。

2019-03-01　工业和信息化部部长苗圩在北京会见了阿塞拜疆经济部部长沙欣・穆斯塔法耶夫，交通、通信和高科技部部长拉明・古鲁扎德一行，双方就促进中阿工业通信业领域合作交换了意见。

2019-03-05　工业和信息化部在北京召开电信普遍服务暨网络扶贫工作座谈会，工业和信息化部副部长陈肇雄出席会议。

2019-03-06　国务院日前印发《国务院关于取消和下放一批行政许可事项的决定》（国发〔2019〕6 号），其中取消了国内干线传输网（含广播电视网）建设项目核准。

2019-03-15　印发《工业和信息化部关于 2019 年信息通信行业行风建设暨纠风工作的指导意见》（工业和信息化部信管函〔2019〕65 号）。

2019-03-15　工业和信息化部副部长陈肇雄主持召开会议，部署在全国实行“携号转网”工作。

2019-03-18　工业和信息化部办公厅 财政部办公厅印发《2019 年度电信普遍服务试点申报指南》（工信厅联通信函〔2019〕62 号）。

2019-03-20　中泰数字经济合作部级对话机制第一次会议在云南昆明召开，工业和信息化部副部长陈肇雄与泰国数字经济部部长披切共同主持会议。

2019-03-27　印发《工业和信息化部关于开展互联网信息服务备案用户真实身份信息电子化核验试点工作的通知》（工业和信息化部信管函〔2019〕87 号）。

2019-04-01　印发《工业和信息化部关于开展 2019 年 IPv6 网络就绪专项行动的通知》（工业和信息化部通信函〔2019〕95 号）。

2019-04-03　工业和信息化部召开电视电话会议，部署 2019 年信息通信行业行风建设和纠风工作，工业和信息化部党组成员、副部长陈肇雄出席会议并讲话。

2019-04-09　工业和信息化部总经济师王新哲出席在瑞士日内瓦举行的信息社会世界峰会论坛开幕式并发言。

2019-04-17　2019 年 · 中国 SDN/NFV/AI 大会在京召开，工业和信息化部党组成员、总工程师张峰出席大会并致辞。

2019-04-19　印发《工业和信息化部 国资委关于开展深入推进宽带网络提速降费 支撑经济高质量发展 2019 专项行动的通知》（工业和信息化部联通信〔2019〕94 号）。

2019-04-23　2019 年 5G 创新发展峰会暨中国联通全球产业链合作伙伴大会在上海召开，上海市市长应勇，工业和信息化部党组成员、总工程师张峰出席开幕式并致辞。

2019-04-23　工业和信息化部部长苗圩在京会见了老挝邮电部部长坦沙迈 · 贡玛西一行，双方就信息通信技术发展、数字化转型及未来合作等议题进行交流。

2019-04-25　工业和信息化部部长苗圩会见了埃及通信和信息技术部部长阿姆鲁 · 塔拉阿特，并签署了《中华人民共和国工业和信息化部与阿拉伯埃及共和国通信和信息技术部关于加强通信和信息技术领域合作的谅解备忘录》。

2019-04-29　工业和信息化部部长苗圩会见古巴通信部长豪尔赫 · 路易斯 · 皮尔多莫，就深化中古信息通信领域合作交换意见。

2019-05-06　第二届数字中国建设峰会在福建省福州市举行，工业和信息化部党组成员、副部长陈肇雄致开幕辞并主持主论坛。

2019-05-17　2019 年世界电信和信息社会日大会在京召开，工业和信息化部总工程师张峰出席会议并致辞。

2019-05-21　工业和信息化部副部长陈肇雄出席国务院政策例行吹风会，介绍网络提速降费有关情况并答记者问。

2019-05-26　2019 中国国际大数据产业博览会在贵州贵阳开幕。工业和信息化部部长苗圩出席开幕式并致辞。

2019-06-06　工业和信息化部向中国电信集团有限公司、中国移动通信集团有限公司、中国联合网络通信集团有限公司、中国广播电视网络有限公司四家企业颁发了基础电信业务经营许可证，批准四家企业经营“第五代数字蜂窝移动通信业务”。

2019-06-06　工业和信息化部发布关于修订《电信业务分类目录（2015 年版）》的公告。

2019-06-08　工业和信息化部部长苗圩率团出席了在日本筑波举行的 G20 数字经济部长会议以及 G20 贸易和数字经济部长联席会议，并作主题发言。

2019-06-11　印发《工业和信息化部关于规范对地静止轨道卫星固定业务 Ka 频段设置使用动中通地球站相关事宜的通知》（工业和信息化部无〔2019〕120 号）。

2019-06-11　工业和信息化部部长苗圩在吉隆坡会见了马来西亚通讯和多媒体部部长哥宾星，双方就中马 5G、人工智能等领域合作深入交换意见。

2019-06-12　工业和信息化部总工程师张峰主持召开工业和信息化部冬奥会筹办工作领导小组全体会议。

2019-06-25　工业和信息化部总工程师张峰率团出席了在新加坡举行的

亚太电信组织（APT）ICT 部长会议，应邀出席了新加坡主办的“海峡数字对话会”。

2019-06-26　企业信息联网核查系统启动会在京召开，中国人民银行副行长范一飞、工业和信息化部总经济师王新哲、国家税务总局副局长任荣发、国家市场监督管理总局副局长唐军出席会议并共同启动企业信息联网核查系统。

2019-06-28　印发《电信和互联网行业提升网络数据安全保护能力专项行动方案》（工信厅网安〔2019〕42 号）。

2019-07-05　第 18 届中国互联网大会在北京召开，工业和信息化部副部长陈肇雄出席大会并致辞。

2019-07-05　工业和信息化部部长苗圩在京会见新加坡通讯和新闻部部长易华仁。

2019-07-09　工业和信息化部部长苗圩在京会见突尼斯通信技术与数字经济部部长穆罕默德·安瓦尔·马鲁夫一行。

2019-07-09　中菲电信监管交流会议在菲律宾马尼拉举行，工业和信息化部总工程师张峰与菲律宾通信部部长格雷戈里奥·霍纳桑共同主持会议。

2019-07-13　工业和信息化部副部长陈肇雄在京会见老挝国家经济研究院院长、老挝前总理波松·布帕万，双方就推进信息通信、数字经济领域合作交换了意见。

2019-07-14　2019·5G 创新发展大会在广州召开，工业和信息化部党组成员、总工程师张峰出席并致辞。

2019-07-17　IMT-2020 峰会在京召开，工业和信息化部副部长陈肇雄出席

	大会并致辞。
2019-07-25	2019 世界工业互联网产业大会在青岛开幕，工业和信息化部总经济师王新哲，青岛市委副书记、市长孟凡利出席开幕式并致辞。
2019-07-26	十部门关于印发加强工业互联网安全工作的指导意见的通知（工业和信息化部联网安〔2019〕168 号）。
2019-08-01	工业和信息化部与国际电信联盟共同在甘肃敦煌举办电信普遍服务与网络扶贫研讨会，工业和信息化部党组成员、总工程师张峰出席会议并讲话。
2019-08-06	工业和信息化部党组成员、副部长陈肇雄赴广东、浙江、福建实地调研信息通信行业行风建设工作。
2019-08-14	第五届金砖国家通信部长会议在巴西首都巴西利亚举行，工业和信息化部副部长陈肇雄率团出席并发言。
2019-08-15	中国工业互联网标识大会在武汉开幕，工业和信息化部总经济师王新哲出席会议并发言。
2019-08-21	2019 北京网络安全大会在京召开，工业和信息化部副部长陈肇雄出席大会。
2019-08-25	工业和信息化部在天津召开 2019 年度信息通信行业监管工作座谈会，工业和信息化部党组成员、副部长陈肇雄出席会议并讲授专题党课，工业和信息化部党组成员、总工程师张峰出席会议。
2019-08-26	工业和信息化部党组成员、总工程师张峰赴内蒙古自治区调研电信普遍服务和国际通信设施情况。

2019-08-27	2019 中国工业互联网大会暨粤港澳大湾区数字经济大会在广州开幕，工业和信息化部总经济师王新哲出席大会并致辞。
2019-09-04	2019 哥伦比亚国际信息与通信大会在哥伦比亚卡塔赫纳会议中心举行，哥伦比亚总统杜克、工业和信息化部总经济师王新哲出席开幕式并作大会发言。
2019-09-05	2019 年全国无线电监测技术演练决赛在北京举行，工业和信息化部党组成员、总工程师张峰出席决赛闭幕式并讲话。
2019-09-07	2019 年中国国际工业互联网创新发展大会在厦门举办，工业和信息化部党组成员、总工程师张峰出席了开幕式并致辞。
2019-09-09	国际电信联盟（ITU）2019 年世界电信展在匈牙利布达佩斯开幕，工业和信息化部副部长陈肇雄率团出席，并在第九届频率与技术研讨会上致辞。
2019-09-16	工业和信息化部党组成员、中央纪委国家监委驻工业和信息化部纪检监察组组长郭开朗赴山西省、新疆维吾尔自治区就农村及偏远地区网络建设和日常维护存在问题专项整治工作进行监督检查。
2019-09-27	工业和信息化部召开“加强农村网络日常维护 保障用户正常使用”全国电视电话会议，工业和信息化部党组成员、副部长陈肇雄出席会议并讲话。
2019-09-27	工业和信息化部部长苗圩、副部长陈肇雄、总工程师张峰赴重点区域无线电监测点、部网络安全应急指挥大厅和应急通信指挥中心，督导检查中华人民共和国成立 70 周年庆祝活动安全保障工作。

2019-10-11	2019中国国际数字经济博览会在河北省石家庄（正定）国际会展中心开幕，中共中央总书记、国家主席习近平向大会发来贺信，国务委员王勇出席大会开幕式宣读贺信并致辞，工业和信息化部部长苗圩、河北省委书记王东峰出席并致辞。
2019-10-14	由工业和信息化部主办的“信息通信业高质量发展高层次专家座谈会”在北京召开，工业和信息化部副部长陈肇雄出席并主持会议。
2019-10-15	工业和信息化部党组成员、总工程师张峰赴新疆维吾尔自治区喀什市帕哈太克里乡托万克喀库拉村，就农村网络日常维护、保障用户正常使用专项整治工作进行监督检查。
2019-10-17	2019DOA技术应用论坛在北京开幕，工业和信息化部总经济师王新哲出席并致辞。
2019-10-17	“护网杯”2019年网络安全防护赛暨第二届工业互联网安全大赛在京举办，工业和信息化部党组成员、总工程师张峰出席大赛闭幕式并讲话。
2019-10-18	工业和信息化部指导的2019工业互联网全球峰会在辽宁省沈阳市新世界博览馆开幕，中共中央总书记、国家主席习近平向大会发来贺信，工业和信息化部副部长王志军出席大会并致辞。
2019-10-31	2019年中国国际信息通信展览会在北京开幕，工业和信息化部副部长陈肇雄出席开幕论坛并致辞。
2019-11-01	印发《工业和信息化部关于调整800MHz频段数字集群通信系统频率使用规划的通知》（工业和信息化部无〔2019〕237号）。

2019-11-06　由工业和信息化部指导、中国无线电协会主办的 2019 中国无线电大会在北京召开。工业和信息化部党组成员、总工程师张峰出席开幕式并致辞。

2019-11-07　工业和信息化部总经济师王新哲赴陕西省西安市蓝田县调研“加强农村网络日常维护、保障用户正常使用”专项整治工作。

2019-11-08　工业和信息化部副部长陈肇雄在布鲁塞尔欧盟总部与欧盟委员会通信网络、内容和技术总司副司长鲁哈纳共同主持召开了第十次中欧信息技术、电信和信息化对话。

2019-11-11　工业和信息化部党组成员、副部长辛国斌赴河北省涞水县调研检查扶贫工作和农村网络建设情况。

2019-11-11　工业和信息化部印发《携号转网服务管理规定》（工业和信息化部信管〔2019〕242 号）。

2019-11-12　工业和信息化部副部长陈肇雄与德国经济和能源部国务秘书努斯鲍姆在德国柏林共同主持第三次中德智能制造及生产过程网络化合作副部长级会议，并出席合作论坛。

2019-11-14　中国（黄石）工业互联网创新发展大会在湖北黄石举办。工业和信息化部党组成员、总工程师张峰，湖北省政协副主席郭跃进出席大会开幕式并致辞。

2019-11-19　印发《工业和信息化部办公厅关于印发“5G+工业互联网”512 工程推进方案的通知》（工信厅信管（2019）78 号）。

2019-11-19　印发《增强机器类通信系统频率使用管理规定（暂行）》的通知（工业和信息化部无〔2019〕248 号）。

2019-11-25	世界 5G 大会在北京召开，中央政治局委员、北京市委书记蔡奇，国务委员王勇出席开幕式，工业和信息化部党组书记、部长苗圩出席开幕式并致辞，工业和信息化部党组成员、总工程师张峰出席“5G+工业互联网”高峰论坛并致辞。
2019-11-27	全国“携号转网”正式提供服务启动会议在京召开。工业和信息化部党组成员、总工程师张峰出席会议并讲话。
2019-12-02	工业和信息化部主办的推动工业互联网创新发展座谈会在北京召开，工业和信息化部副部长陈肇雄出席会议。
2019-12-04	印发《开展第二类增值电信业务相关许可事项告知承诺审批试点工作实施方案》（工信厅信管〔2019〕86 号）。
2019-12-09	2019 年中国网络安全产业高峰论坛在北京召开。工业和信息化部副部长陈肇雄、北京市副市长殷勇出席论坛开幕式并致辞。
2019-12-10	中国移动“5G+工业互联网”高峰论坛在北京召开，工业和信息化部总经济师王新哲出席并致辞。
2019-12-10	2019 第六届中国国际大数据大会在京召开，工业和信息化部总经济师王新哲出席并致辞。
2019-12-23	全国工业和信息化工作会议在京召开，工业和信息化部党组书记、部长苗圩作了题为“坚定不移贯彻新发展理念 以更大力度推进制造强国和网络强国建设”的讲话。
2019-12-27	工业和信息化部党组书记、部长苗圩带队赴海南省通信管理局检查全面从严治党责任制落实情况。
2019-12-27	工业互联网促进经济高质量发展座谈会暨中国工业互联网研究院技术专家委员会成立仪式在中国工业互联网研究院

召开。工业和信息化部副部长陈肇雄出席会议并讲话。

2020-01-09　5G 标准发布及产业推动大会在京召开，工业和信息化部党组成员、副部长王志军出席并讲话。

2020-01-15　第五届中国电子信息行业发展大会在京召开，工业和信息化部党组成员、总工程师张峰出席大会并讲话。

2020-01-10　工业和信息化部副部长陈肇雄在《学习时报》发表署名文章《培育壮大数字经济新引擎》。

2020-01-15　第五届中国电子信息行业发展大会在京召开，工业和信息化部党组成员、总工程师张峰出席大会并讲话。

2020-01-26　工业和信息化部副部长、部应对新型冠状病毒感染的肺炎疫情防控工作领导小组副组长陈肇雄召开疫情防控大数据支撑服务工作现场调度会。

2020-01-27　工业和信息化部副部长陈肇雄主持召开疫情防控大数据专家会商会，研究部署大数据支撑服务疫情防控相关工作。

2020-01-30　工业和信息化部召开全国通信管理局工作电视电话会议，再动员、再部署通信行业疫情防控支撑保障工作，部党组成员、副部长陈肇雄同志出席会议并讲话。

2020-02-11　工业和信息化部召开全国工业通信业企业复工复产电视电话会议，动员部署工业通信业企业稳步有序恢复正常生产，工业和信息化部党组成员、副部长辛国斌出席会议并讲话。

2020-02-22　工业和信息化部召开加快推进 5G 发展、做好信息通信业复工复产工作电视电话会议，工业和信息化部总经济师王新哲出席会议并讲话。

2020-02-23	工业和信息化部副部长陈肇雄、教育部副部长郑富芝一行赴中央电教馆，调研“国家中小学网络云平台”运行保障工作情况。
2020-03-06	工业和信息化部召开加快 5G 发展专题会，工业和信息化部副部长陈肇雄出席会议并主持会议。
2020-04-17	工业和信息化部召开数字基础设施建设推进专家研讨会。工业和信息化部副部长陈肇雄出席会议并讲话。
2020-04-23	工业和信息化部召开工业互联网行业应用推进会，工业和信息化部副部长陈肇雄出席会议并讲话。

（信息来源：工业和信息化部网站新闻动态频道）